AF385010

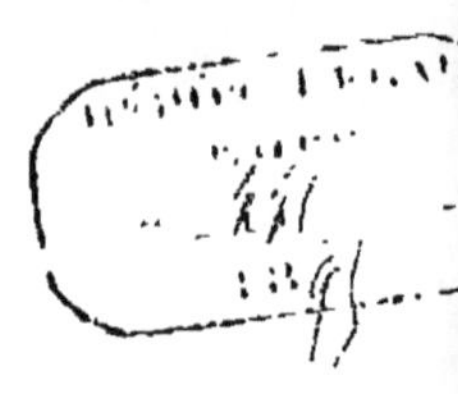

Souvenir

du Cinquantième Anniversaire de la Fondation

du

Patronage des Apprentis et Jeunes Ouvriers

de

Notre-Dame de Nazareth

HISTOIRE

DU

PÈLERINAGE DES AFFLIGÉS ET SAINT SANCTUAIRE

DE

NOTRE-DAME DE NAZARETH

SAINT VINCENT DE PAUL.

Patron universel des Œuvres de charité.

HISTOIRE

DU

PATRONAGE DES APPRENTIS ET JEUNES OUVRIERS

DE

NOTRE-DAME DE NAZARETH

Souvenir

du

Cinquantième Anniversaire de la Fondation

> « Autre est celui qui sème, et autre celui qui moissonne.
>
> « ... D'autres ont travaillé; et vous, vous êtes entrés dans leurs travaux. »
>
> (S. JEAN. ch. IV, v. 37-38.)

PARIS

TYPOGRAPHIE FIRMIN DIDOT ET C⁰,

56, RUE JACOB

1895

AU T. R. P. LECLERC

SUPÉRIEUR GÉNÉRAL DES FRÈRES DE SAINT-VINCENT DE PAUL.

C'est à vous, mon Très Révérend Père, que je dédie ces pages. Elles sont vôtres à tant de titres! Vous êtes le successeur de M. Le Prévost, vous fûtes l'enfant de M. Myionnet, vous avez rempli près de M. Maignen l'humble office de contrôleur au Patronage, avant de devenir notre Père à tous, aumôniers, directeurs et patronnés de Nazareth.

Combien parmi vos fils sont sortis de nos rangs, confrères ou jeunes gens du Patronage pour qui le dévouement à l'Œuvre fut la première grâce de la vocation?

Puissent ces quelques pages être comme le témoignage de la bénédiction de Dieu sur vos œuvres et de la reconnaissance de vos enfants.

Veuillez agréer, mon Très Révérend Père, l'hommage de mes sentiments respectueux et dévoués en Notre-Seigneur.

C. M.

Des noces d'or la splendeur nous éclaire ;
O Nazareth, tressaille de bonheur !
Montre ta joie en ton cinquantenaire !
Que l'Hosannah monte vers le Seigneur !
C'est un reflet de la fête éternelle !
Anges de Dieu, prêtez-nous votre voix !
Que des anciens le cœur se renouvelle
Au souvenir des beaux jours d'autrefois !

INTRODUCTION

Notre but, en écrivant les pages qu'on va lire, n'a pas été seulement de retracer l'histoire d'une fondation pieuse, féconde en fruits de salut; nous nous sommes proposé de montrer par les faits, comment naît et grandit une œuvre voulue de Dieu. Nous avons pensé que le souvenir des travaux et des peines de ceux qui nous ont précédés ne devait pas être perdu. Nous avons noté fidèlement leurs premiers essais, leurs échecs, la longue stérilité des débuts, le développement laborieux de leur œuvre, et enfin le succès, prix de tant d'efforts, succès consacré par plus de trente années de fécondité et de vie.

Ce récit, dont le cinquantenaire de la maison de Notre-Dame de Nazareth a été l'occasion, nous paraît venir à son heure.

Les OEuvres pour l'éducation de la jeunesse ouvrière, si rares il y a cinquante ans, surgissent de toutes parts; parfois un peu à l'aventure, sans expérience et sans méthode éprouvée.

Le moindre danger de ces tentatives serait d'épuiser, sans résultats sérieux, les forces et les ressources des hommes dévoués qui les entreprennent.

Faire profiter les ouvriers de la dernière heure du travail et de l'expérience de ceux de la première, tel est le but que nous nous proposons.

On trouvera difficilement réunis dans la vie d'une même

OEuvre, autant d'hommes éminents, ayant une mission et sachant y rester fidèles, autant de ressources matérielles et morales, que dans les développements successifs de ce premier patronage de la Société de Saint-Vincent de Paul à Paris. Placé sur les limites d'un quartier des plus religieux de la capitale, ayant eu à sa portée toutes les ressources qui ont alimenté en France et dans le monde entier les œuvres de charité; soutenu encore par les plus pieux et les plus dévoués confrères de saint Vincent de Paul, ayant à sa tête les fondateurs d'une Congrégation religieuse vouée aux OEuvres ouvrières, rien n'a manqué au patronage de Notre-Dame de Nazareth pour devenir le type des patronages.

Il ne faut pas que de tels trésors de sacrifices, de dévouement et d'expérience, restent enfouis ou méconnus.

Dieu ne les a pas mis en vain à l'origine des OEuvres charitables.

Ce serait méconnaître ses dons que de ne pas estimer à sa valeur le fruit d'un tel concours de circonstances providentielles et d'hommes de Dieu.

Sachons nous pénétrer de leur esprit, nous tenir fidèlement à leurs traditions et à leurs exemples, et en faire profiter les hommes de bonne volonté.

Saint Vincent de Paul, ce maître dans la pratique de la charité, a dit une parole que ses fils et ses imitateurs ne devront jamais oublier :

« Gardons nos règles, elles nous garderont. »

En la fête de l'Annonciation, 25 mars 1895.

HISTOIRE DU PATRONAGE

DE

NOTRE-DAME DE NAZARETH

PREMIÈRE PARTIE

LES ORIGINES DU PATRONAGE DE LA SOCIÉTÉ DE SAINT-VINCENT DE PAUL

CHAPITRE UNIQUE

LA RUE COPEAU. — LA RUE NEUVE-SAINT-ÉTIENNE-DU-MONT.
LE PATRONAGE DE LA SOCIÉTÉ DE SAINT-VINCENT DE PAUL.

1835-1845.

« L'OEuvre du Patronage est aussi ancienne que la Société de Saint-Vincent de Paul (1). » Ainsi s'exprimait M. Bourlez, président de l'OEuvre du Patronage, dans son rapport à l'assemblée générale de la Société, le 25 juillet 1847.

(1) Nous n'avons pas à retracer ici l'histoire des origines de la Société de Saint-Vincent de Paul. Fondée en 1833, elle a rapidement groupé un certain nombre de jeunes catholiques, pour les former à la pratique de la charité.

La visite des pauvres à domicile a été dès le début l'œuvre principale des *Conférences*, mais il suffit de parcourir les premiers documents publiés par la Société pour voir quelle variété d'œuvres elle avait entreprises dès les premières années de sa fondation. Parmi ces œuvres, la plus importante et l'une des premières en date est celle du Patronage.

C'est son histoire que nous voulons retracer ici en racontant les origines de la première maison du Patronage.

En effet, moins d'une année après la fondation de la première conférence, c'est-à-dire en 1834, trois pauvres enfants furent recueillis « sous le toit hospitalier de la maison de la rue des Fossés-Saint-Jacques, 11, qui devint ainsi le berceau de l'Œuvre du Patronage », en même temps que celui de la Société de Saint-Vincent de Paul.

Celle-ci ne comptait encore que quarante membres formant une seule Conférence et disposant d'un budget annuel de moins de 2.000 francs. Dès l'année suivante, le nombre des premiers patronnés augmenta.

« En 1835, dit le *Manuel de la Société* (page 299), des décès survenus dans les familles avaient mis à la charge des conférences quelques jeunes orphelins; leur nombre s'était successivement accru jusqu'à vingt, et ils avaient été réunis dans une maison où les membres de la Société venaient tour à tour leur donner des leçons. »

C'est en novembre 1835 que fut fondée cette nouvelle œuvre.

Quatre mois après, la Société de Saint-Vincent de Paul tenait à Paris sa première assemblée générale, le 21 février 1836, et le président de l'*Œuvre des orphelins apprentis* présentait un rapport à l'assemblée.

Il n'existait, à cette date, que quatre Conférences de Saint-Vincent de Paul, réunissant environ trois cents membres. C'étaient, outre la première Conférence, celles de Saint-Sulpice, Notre-Dame de Bonne-Nouvelle et Saint-Philippe du Roule. Le budget total de la Société, en 1835, était de 3.414 fr. 10.

C'est sur cette faible somme que nos premiers confrères avaient prélevé ce qui était nécessaire pour entretenir pendant plusieurs mois vingt apprentis orphelins.

Un mois à peine après la première assemblée générale de la Société, et sans doute en exécution des résolutions qui y avaient été prises, une commission était formée pour le patronage des enfants adoptés par la Société, sous le titre de *Conférence de Saint-Vincent de Paul (orphelins apprentis)*. C'est du moins la mention qui figure en tête du cahier des procès-verbaux.

La première séance est datée du 17 mars 1836; on y fait la répartition des différents services entre les membres de la réunion.

M. Lévêque est chargé « de veiller à tout ce qui est nécessaire aux enfants et d'exercer une surveillance immédiate sur l'établissement... L'instruction des enfants est confiée à M. Ravier pour l'écriture, à M. de Kerguelen pour l'arithmétique, à M. Picard pour l'histoire sainte, à M. Lassalle pour l'évangile, à M. Forichon pour le catéchisme...

« La Conférence pour les orphelins apprentis se réunira désormais le mardi, après la conférence de charité .»

Le nom du président de la nouvelle Conférence ne figure pas sur le procès-verbal, non plus que celui du secrétaire, mais il semble, d'après la charge à lui imposée, que la présidence appartienne à M. Lévêque ; quant aux procès-verbaux, ils sont tous rédigés de la main de M. Le Prévost (1).

Le premier soin de la Conférence fut d'installer, dans un nouveau local, l'*OEuvre des orphelins apprentis*.

Le 12 avril 1836, l'œuvre était transférée dans un local « plus commode et plus grand » que l'ancien et dont le loyer annuel était de 310 francs par an. La maison ou plutôt le logement devait être peu confortable, car le président annonce à la conférence que « la personne chargée de soigner » les jeunes apprentis refuse de l'habiter, malgré l'augmentatio'. de 3 francs par mois et par enfant qui lui avait été accordée le 29 mars, pour qu'elle s'occupât des raccommodages.

Il fallait donc pourvoir d'urgence à la surveillance habituelle et aux soins matériels de la nouvelle maison, située rue Copeau, au coin de la rue de la Clé.

Parmi les familles visitées par la Société de Saint-Vincent de Paul, M. le Président en trouva une, particulièrement recom-

---

(1) M. Le Prévost, fondateur de la Congrégation des Frères de Saint-Vincent de Paul, était alors simple laïque. Revenu à Dieu depuis plusieurs années, il consacrait aux Œuvres tous ses moments de loisir, en attendant l'heure où il lui serait donné de leur vouer sa vie. Il fut l'un des premiers membres de la Société de Saint-Vincent de Paul, et l'un de ses plus zélés propagateurs. Sa *Vie* a été publiée à Paris, chez Poussielgue, en 1890.

mandée, le ménage Beaumont, qui consentit à se charger du soin des apprentis et des raccommodages moyennant 24 francs par mois et par enfant.

Une convention fut signée le 26 avril 1836, entre M. le Président et Mme Beaumont, admise aux honneurs de la séance ; convention en vertu de laquelle Mme Beaumont s'engageait, aux conditions ci-dessus énoncées, à « nourrir, blanchir et raccommoder » les apprentis ; « à les surveiller, à les conduire à l'église et en promenade quand un membre de la Conférence ne les conduirait pas lui-même, et même à l'atelier si cela est nécessaire. »

La Conférence, en retour, se charge de fournir les trousseaux des enfants, de les entretenir et de les instruire. « Cependant, quant à l'instruction, M. et Mme Beaumont promettent d'y contribuer pendant les vacances, quand il n'y aura pas à Paris un nombre suffisant de membres de la Conférence. »

C'était, on le voit, un régime tout maternel que celui de la maison de la rue Copeau en mai, juin et juillet 1836. Mais l'application au travail et la discipline n'étaient sans doute pas irréprochables, sous la férule de Mme Beaumont, car M. le Président constate, le 3 mai, « que les jeunes apprentis ne profitent pas autant qu'ils le devraient des leçons qu'on leur donne », et la Conférence prie M. de Kerguelen « de vouloir bien présenter à la prochaine séance, un projet de règlement pour la distribution des heures d'étude et de travail ».

Le 21 juin, l'un des fondateurs de la Société de Saint-Vincent de Paul, M. Ozanam, s'offre à donner des leçons de latin aux apprentis les plus âgés, qui travaillaient comme typographes à l'imprimerie de M. Bailly.

Le mardi 19 juillet 1836, les orphelins-apprentis célèbrent la fête de saint Vincent de Paul, leur patron, en assistant à la messe à la chapelle des Lazaristes, rue de Sèvres. C'est le premier pèlerinage de l'Œuvre du Patronage, tradition heureusement conservée et bien étendue depuis.

Les études de M. de Kerguelen pour donner un règlement aux apprentis de la rue Copeau avaient certainement gagné le cœur de ce bon confrère à l'Œuvre des orphelins, car il accepta, le 26 juillet, en l'octave de Saint-Vincent de Paul de cette même année 1836, l'entière direction de la maison et il y prit son domicile.

« M. de Kerguelen, écrivait M. Maurice Maignen, dans le rapport présenté à l'assemblée générale des Conférences le 20 juillet 1882, M. de Kerguelen, gentilhomme de Bretagne, gouvernait ses enfants selon les mœurs patriarcales de sa province. Après la prière du soir, dite en commun, chaque orphelin venait recevoir de son père adoptif la bénédiction traditionnelle du chef de la famille bretonne, c'est-à-dire le signe de la croix tracé sur le front. »

A ces pauvres enfants si charitablement adoptés par les jeunes membres de la Société de Saint-Vincent de Paul, vint se joindre, chaque dimanche, un nombre croissant d'apprentis externes, enfants des familles visitées par les Conférences nouvellement fondées. Il y en eut bientôt une centaine. On leur donnait une collation dans la journée, afin de les garder le plus longtemps possible. La tradition s'est conservée de l'enthousiasme témoigné par eux à l'occasion d'un *plat de lentilles*, qui leur fut servi à la première réunion de ce patronage rudimentaire. On les conduisait à la messe tantôt dans une paroisse, tantôt dans une autre, pour donner satisfaction à MM. les curés. Nos confrères se partageaient cette tâche.

Le dimanche, ils conduisaient à tour de rôle, à la messe, les orphelins avec quelques apprentis du dehors, et organisaient pour eux des jeux, des promenades et de petites soirées récréatives. Quand M. de Kerguelen, ayant terminé ses études, dut quitter Paris, il eut pour successeur M. Le Prévost, qui fut dès lors chargé de la direction de la maison des orphelins-apprentis.

M. Le Prévost se garda bien de rien changer aux usages chrétiens adoptés par son prédécesseur. Quelque temps qu'il fît, malgré la distance qui sépare le faubourg Saint-Germain où il habitait, de ce quartier excentrique, malgré son infirmité et sa faiblesse, il allait chaque soir faire la prière avec les orphelins, et les bénir, comme M. de Kerguelen. Il n'habitait pas la maison, mais en avait confié la surveillance à un pieux et dévoué confrère,

M. Chomet, plus tard, et durant de longues années, directeur du Patronage des apprentis de Saint-Jean au Gros-Caillou.

Chaque dimanche, M. Le Prévost se rendait dès le matin à la maison des orphelins, leur lisait l'Évangile du jour et leur en faisait l'explication. Il remplit ce ministère pendant plusieurs années. Il a souvent témoigné depuis, combien il avait trouvé d'avantages spirituels dans l'étude et la préparation de ces petites instructions.

Mais, avec ses accroissements successifs, la charge de l'œuvre des orphelins était devenue fort lourde. Quelques confrères faisaient entendre des plaintes sur le chiffre des dépenses peu en rapport, disaient-ils, avec le petit nombre d'enfants secourus. M. Le Prévost s'efforça d'alléger, par le travail rétribué des enfants, le budget de l'orphelinat. M. Bailly, sous le patronage duquel la Société s'était formée, venait de créer une imprimerie typographique, dans le but de faciliter l'essor nouveau de la Presse catholique. Un certain nombre d'orphelins de Saint-Vincent de Paul y furent employés, soit pour la composition, soit pour la fonte des caractères. M. Le Prévost chercha également à utiliser le travail des enfants à d'autres métiers. Il fit aussi de nombreux appels à la charité pour le soutien de la maison des orphelins. Nous trouvons quelque trace de ses efforts dans sa correspondance, où l'on sent tout son amour pour cette œuvre.

17 *février* 1838. — « ... Nos apprentis vont bien : nous en avons quinze. Le bon M. de Kerguelen ne les a point encore quittés. Une loterie est en action pour soutenir et grandir cette petite œuvre. On parle aussi d'un sermon. Si tout cela va bien, nous essayerons d'avoir une nouvelle série d'apprentis, qui seraient ciseleurs en bronze. Priez bien pour que Dieu nous bénisse, et que tout cela soit purement pour sa gloire...

12 *novembre* 1838. — « Je vous remercie de votre zèle à placer les lithographies pour nos petits orphelins. Je ne sais si on vous a dit qu'une partie d'entre eux sont occupés à fondre des caractères, dans l'imprimerie de M. Bailly : ils manquent quelquefois de travail ; c'est un chagrin pour nous. Je désirerais donc que vous prissiez, si cela se peut sans préjudice d'aucun arrangement,

vos caractères à cette fonderie. Si cela vous semble praticable dites-le. Je vous ferais parvenir le spécimen de tous les caractères que nous pourrions vous fournir. Je n'ai pas besoin de dire que ces enfants ne sont que des aides d'habiles ouvriers, et que les produits ont toute la perfection qu'on peut souhaiter. »

Aux moyens ordinaires de procurer des ressources pour les œuvres de charité, M. Le Prévost tenta d'ajouter le produit du travail de ses enfants en entreprenant la réimpression de la *Vie de saint Vincent de Paul*, par Abelly, contemporain du saint prêtre. Elle est demeurée la plus édifiante et la plus intéressante de toutes celles qui ont été composées depuis. Elle n'avait point été réimprimée, et était devenue introuvable. La composition typographique et l'impression furent exécutées par les apprentis.

Mais cette publication n'obtint pas le succès que M. Le Prévost avait espéré. L'abandon de l'Œuvre des orphelins suivit de près l'insuccès de cette entreprise. Le *Manuel de la Société* le constate en ces termes : « Cette œuvre était restreinte à un petit nombre, et le bien opéré, si consolant qu'il pût être, n'était pas en proportion avec les charges qui en résultaient pour la Société. On convint d'adresser à la Société des Amis de l'enfance, spécialement établie pour l'éducation des enfants pauvres, tous les orphelins qu'il faudrait complètement entretenir. Les orphelins jusque-là élevés par la Société furent placés, dans le courant de 1841, dans une maison d'apprentissage interne, qui se fondait sous les auspices de Monseigneur l'Archevêque de Paris et sous la direction des Frères des Écoles chrétiennes. Le produit d'une loterie annuelle et le dixième des quêtes ordinaires, précédemment fourni par les Conférences pour l'entretien de la maison des orphelins, furent attribués au nouveau Patronage. C'est de cette Œuvre, développée et perfectionnée peu à peu, qu'est née celle des apprentis. »

La maison d'apprentissage interne, située rue Neuve-Saint-Étienne-du-Mont, outre ses apprentis travaillant dans les ateliers de la maison, recevait le dimanche les apprentis externes, patronnés par les Conférences. Ce mélange d'éléments divers ne pouvait produire de bons résultats. La maison, partagée en

salles de classes et de métiers pour les enfants, leur distribuait
à la fois l'instruction primaire et professionnelle. La commission
chargée de son administration déféra la présidence au Vte Ar-
mand de Melun.

M. Le Prévost avait vu s'effectuer avec le plus vif regret la
fusion des deux Œuvres, dans laquelle disparut le petit orphelinat. Ce n'était pas sans émotion qu'il rappelait à ses frères le
souvenir de cet asile des vingt orphelins de la rue Copeau. Il
aimait à en raconter l'intimité, la vie de famille, l'esprit chrétien ;
et, lorsque plus tard il retrouvait quelques-uns de ses anciens
enfants devenus hommes, il leur faisait l'accueil le plus paternel
et leur rendait tous les services dont ils avaient besoin.

Mais laissons la plume à un ancien apprenti, aujourd'hui le
doyen des patronnés de la Société de Saint-Vincent de Paul,
qui va nous faire, après cinquante ans, le récit de son entrée
à la maison de la rue Neuve-Saint-Étienne-du-Mont.

« Je me revois encore, à peine sorti de l'école, lorsque ma
mère, un beau matin de dimanche, en septembre 1843, me présenta pour être inscrit au nombre des enfants du Patronage...

« Deux bons Frères des Écoles chrétiennes, les Frères Andoche et Agathange, s'occupaient des apprentis externes, sous
la direction de MM. Lévêque et Soulié ainsi que de M. Le Prévost,
qui venait nous visiter de temps en temps et nous donner de
bons conseils par de petites allocutions bien senties. Ces deux
bons Frères avaient beaucoup de peine à maintenir les apprentis :
Frère Andoche était peu sévère et d'un caractère très doux, aussi
il fallait voir comme on en abusait ! Il était obligé, pour se faire
obéir, d'avoir recours au Frère Agathange qui, lui, ne riait pas.
Il fallait marcher droit, car il réprimandait fortement, mais
l'instant d'après, on n'y pensait plus.

« Les jeux des apprentis étaient très bruyants, comme ils
doivent l'être encore ; mais en ce temps-là, les plus grands étaient
les maîtres et taquinaient les petits, qui recevaient *une danse*
lorsqu'ils allaient se plaindre au Frère Agathange. On se bous-
culait souvent, et il était rare qu'on rentrât chez soi sans que
la blouse, le pantalon, même la chemise, n'aient plusieurs accrocs.

J'ai vu certains dimanches, où la petite instruction religieuse
qui se faisait le matin dans la classe était dix fois interrompue par
des apprentis turbulents, qui ne pouvaient rester attentifs et
sages pendant la demi-heure que durait l'exercice.

M. JEAN-LÉON LE PRÉVOST,
Fondateur de la congrégation des Frères
de Saint-Vincent de Paul.

« On vit un jour arriver un Frère étranger à la maison, qui
de prime abord retroussa ses manches et dit aux enfants : « Je
vais vous faire aujourd'hui l'instruction, mes amis ; je ne serai
pas long, mais je vous préviens que si l'un de vous m'interrompt,
je le corrigerai de manière à lui ôter l'envie de recommencer. »
Il n'y en eut qu'un qui interrompit, mais il fut enlevé si vigou-

reusement de sa place et maintenu à genoux jusqu'à la fin de l'instruction, que la leçon servit aux autres, et personne ne bougea plus.

« Je me souviens encore que, lorsqu'on distribuait pour le premier déjeuner du pain avec des saucisses ou des pommes, quelques apprentis passaient deux fois à la distribution, de sorte qu'il en manquait presque toujours pour les derniers. On essayait tous les moyens pour empêcher cet abus, eh bien, je ne sais comment certains camarades s'y prenaient, ils trouvaient encore le moyen de passer deux fois !

« Une chose qui m'a fort surpris, à mon arrivée, c'est qu'on ne partait pas tous ensemble le soir. Il paraît qu'à la sortie on avait fait un tapage dont les voisins s'étaient plaints, et pour l'éviter, quand l'heure du départ était sonnée et tout le monde réuni dans la classe pour la prière du soir, Frère Agathange en désignait deux qui partaient ; quelques minutes après, deux ou trois autres suivaient, et ainsi de suite jusqu'aux derniers.

« Je ne sais si le moyen réussissait à éviter les plaintes des voisins, mais ce système de sortie a duré assez longtemps et on en était bien ennuyé, car on n'en finissait pas de s'en aller.

« Il y avait, du reste, peu de distractions pour les apprentis. On allait à la messe soit à Saint-Médard soit aux chapelles de maisons religieuses qui voulaient bien nous recevoir. Une instruction d'une demi-heure le matin, l'appel matin et soir ; le reste du temps se passait à jouer dans le jardin, et à quels jeux !

« Le fameux chariot qui existe encore à Nazareth, transformé sans doute, était alors dans sa forme primitive et en a vu de dures (1).

« Lorsque les apprentis du même âge avaient organisé entre eux une partie quelconque, les plus grands venaient presque toujours se mettre en travers pour empêcher le jeu. Alors, cris, dispute et tapage, jusqu'à ce que les directeurs vinssent rétablir l'ordre.

« Il y avait aussi, tous les mois, une petite réunion du soir,

---

(1) Quand le chariot était rempli d'enfants, ceux qui n'avaient pu y trouver place le poussaient de tout leur élan contre le mur, et tout le monde roulait par terre.

avant de quitter le Patronage. On distribuait un numéro à chacun en entrant, puis on tirait une loterie composée de chemises, cottes, pantalons, blouses, savon, statuettes... j'avais assez de chance à ces loteries et j'ai souvent gagné. Je me souviens d'un « Christ portant sa Croix » que j'ai rapporté un soir et conservé jusqu'en 1848. A la révolution de Février, une balle égarée l'a brisé sur la cheminée où il était placé. C'était M. Le Prévost qui faisait les frais de la loterie.

« En juillet 1844, les Frères Andoche et Agathange, MM. Lévêque et Soulié, furent remplacés par MM. Fontaine et Boucher, qui voulurent mettre de l'ordre dans la conduite des apprentis, mais sans beaucoup de succès. »

La forme de patronage réalisée par la fondation de la maison de la rue Neuve-Saint-Étienne constituait l'internat complet. L'OEuvre ainsi conçue fut loin de répondre aux espérances de M. de Melun, tant au point de vue de l'économie qu'à celui des résultats moraux et professionnels.

Il fut amené à reconnaître que le régime de l'internat avait pour résultat de produire, suivant les dispositions des sujets, des déclassés ou des religieux, mais qu'il ne produirait pas d'ouvriers. Il résolut d'employer toutes ses ressources au développement de la protection des apprentis externes et, par eux, à la moralisation du travail et à la sanctification des ateliers.

C'était revenir à la forme de l'orphelinat de la rue Copeau qu'avaient dirigé successivement M. de Kerguelen et M. Le Prévost, où l'orphelin travaillait au dehors, non dans la première maison venue, mais dans un atelier choisi et dans le plein air du travail.

L'enfant trouvait ainsi, le soir, en rentrant à l'orphelinat, un foyer de famille, tandis que la journée se passait pour lui dans les conditions ordinaires de la vie d'atelier.

Si l'année 1841 vit l'OEuvre des orphelins-apprentis passer des mains de la Société de Saint-Vincent de Paul à celles du vicomte de Melun, elle vit aussi le Patronage des apprentis externes par les Conférences prendre une nouvelle extension.

C'est à cette époque, en effet, que remonte l'organisation du

Comité du Patronage, composé des délégués des Conférences de Saint-Vincent de Paul ayant des apprentis patronnés, à la maison de la rue Neuve-Saint-Étienne du Mont.

Ces apprentis y étaient admis le dimanche, comme à la rue Copeau, et les membres des Conférences, qui s'étaient occupés de leur placement en apprentissage et les visitaient chaque semaine dans leurs ateliers, venaient aussi les visiter le dimanche à la maison du Patronage.

« Ce premier Patronage, écrit l'auteur de la *Vie du comte de Melun*, était donc une dépendance de la Société de Saint-Vincent de Paul.

« Placé sous la direction du Conseil général, il avait pour siège de ses réunions les Écoles des Frères de la Doctrine chrétienne. Mais ceux-ci ne lui prêtaient qu'un concours subordonné. Les principaux agents étaient les jeunes membres des Conférences, qui venaient passer leurs dimanches auprès de ces fils d'ouvriers que leur sollicitude suivait ensuite par tous les sentiers de la vie. Or ces deux éléments, faits pour se seconder, se contrariaient parfois. D'une part, les Frères des Écoles ne pouvaient abdiquer leur juste autorité sur leurs élèves d'autrefois, que personne n'était capable de connaître mieux qu'eux, et dont personne non plus ne possédait au même degré la confiance et l'affection. D'autre part, les jeunes volontaires de Saint-Vincent de Paul apportaient plus de zèle que d'expérience pratique dans une surveillance que, d'ailleurs, leurs études, leur profession, leurs relations, leurs vacances ou leur retour définitif dans leurs familles les forçaient d'abandonner les uns après les autres. Aussi, le dissentiment s'étant bientôt produit entre ces autorités, de Melun n'hésita pas, et laissant désormais à Saint-Vincent de Paul ses Patronages particuliers, il projeta de constituer une œuvre semblable, mais plus vaste, avec le seul concours et sous la seule direction des Frères des Écoles chrétiennes.

« Ceux-ci entrèrent dans ses vues, mais en lui demandant de les seconder eux-mêmes dans l'organisation et l'administration d'une maison d'apprentissage. »

C'est au commencement de l'année 1845, que la Société de Saint-

Vincent de Paul entreprit de donner à l'OEuvre du Patronage des apprentis une organisation plus complète, en même temps qu'elle en prenait désormais toute la charge.

Dans sa séance du 18 mars 1845, le Conseil de Paris arrêtait, sous le nom d'*Acte constitutif de l'OEuvre du Patronage*, une « organisation nouvelle de l'OEuvre du Patronage des écoliers et des apprentis ».

En voici les dispositions principales :

« Le patronage des apprentis s'exercera, indépendamment des ateliers et chez les maîtres, dans les trois maisons louées à cet effet par l'OEuvre ; l'une rue du Regard, n° 16 (plus tard n° 14) : l'autre, rue de la Roquette, n° 81, et la troisième à Montmartre. Les apprentis y seront réunis tous les dimanches et toutes les fêtes chômées de l'année, pour s'y livrer à d'innocentes récréations et y recevoir les instructions religieuses appropriées à leur âge, avec quelques connaissances usuelles et pratiques concernant les arts et les métiers.

« La maison de la rue du Regard est confiée aux soins de M. Myionnet, et celle de la rue de la Roquette à ceux de M. Fontaine.

« La maison de Montmartre continuera de marcher d'après son régime actuel.

« A chaque maison sera attachée une commission administrative, composée des délégués actuels des Conférences au Comité du Patronage suivant le tableau ci-après, savoir :

« *Maison de la rue du Regard, treize Conférences.*

« Conférences : Saint-Étienne du Mont, Saint-Sulpice. Saint-Germain des Prés, Saint-François des Missions Étrangères, Saint-Séverin, Saint-Médard, Saint-Jacques du Haut-Pas, Saint-Nicolas du Chardonnet, Notre-Dame de l'Abbaye aux Bois, Saint-Thomas-d'Aquin, Saint-Jean du Collège Stanislas, Notre-Dame, Sainte-Valère et Vaugirard.

« *Maison de la Roquette, quatorze Conférences, etc., etc.* »

Les commissions administratives devaient se réunir au moins une fois tous les quinze jours dans leur maison et l'ancien Conseil du Patronage était supprimé.

En même temps un appel pressant était adressé par M. Jules Gossin, Président général de la Société, à tous les Présidents des Conférences, pour les prier de concourir à l'Œuvre du Patronage, « en désignant nominativement un certain nombre de membres pour se rendre, une heure ou deux, chaque dimanche, à la maison de Patronage la plus voisine ».

« Il est très à souhaiter, conseillait M. le Président général (28 avril 1845), que cette assistance régulière et assidue se tourne en habitude chez nos confrères...

« MM. les Présidents de Conférence sont suppliés de ne pas perdre du vue la présente recommandation, et d'y revenir sans cesse...

« La prospérité du Patronage des apprentis dépend de l'affection que nos confrères porteront à cette œuvre bénie qui tient le second rang dans celles de la Société de Saint-Vincent de Paul ».

On le voit, c'est l'adoption complète et définitive de l'Œuvre du Patronage par la Société de Saint-Vincent de Paul, comme l'œuvre la plus essentielle à l'esprit de la Société, après celle de la visite des pauvres.

Nous verrons quelle fut l'influence de l'élan imprimé en ce sens à la Société de Saint-Vincent de Paul, sur le développement et l'organisation des Patronages d'apprentis.

DEUXIÈME PARTIE

LA MAISON DE LA RUE DU REGARD.

CHAPITRE PREMIER

LES PREMIERS DIMANCHES DU PATRONAGE.

Mars 1845.

Au moment même où la Société de Saint-Vincent de Paul retirait ses apprentis de la maison de la rue Neuve-Saint-Étienne du Mont et assumait la lourde tâche de pourvoir seule à tous les besoins de l'œuvre du Patronage, Dieu lui envoyait précisément le secours qui lui manquait le plus.

Nous avons vu, dès l'origine, deux membres des Conférences de Saint-Vincent de Paul, M. de Kerguelen et M. Le Prévost, consacrer toutes leurs forces et tous leurs loisirs à la direction de la maison des orphelins-apprentis de la rue Copeau. Après cinq années de dévouement et d'efforts, il avait fallu confier cette œuvre aux Frères des Écoles chrétiennes, qui, libres des liens et des obligations de la vie du monde, pouvaient lui consacrer les soins constants et assidus qu'elle réclamait.

Privée maintenant du concours des enfants du B. de la Salle, comment la Société de Saint-Vincent de Paul pourrait-elle donner à l'œuvre du Patronage la direction suivie et le dévouement de tous les instants sans lesquels elle ne saurait vivre et se constituer?

Mais la Providence a-t-elle jamais manqué à ceux qui cherchent avant toutes choses le royaume de Dieu et sa justice?

Au moment même où les œuvres de la Société de Saint-Vincent de Paul, obligées de vivre par elles-mêmes, allaient prendre une forme précise et un plus grand développement, Dieu inspirait à quelques membres des Conférences la pensée de se consacrer entièrement au service des pauvres dans les œuvres de Saint-Vincent de Paul et de fonder un nouvel institut, qui leur donnât la stabilité et la continuité dont elles manquaient.

Le 1er mars 1845, M. Le Prévost reprenait le vieux cahier de procès-verbaux de la Conférence des orphelins apprentis de la rue Copeau, interrompu depuis le 13 septembre 1836 et, fidèle à sa coutume de commencer petitement les œuvres de Dieu, il tournait simplement une page et écrivait les lignes que voici :

J. M. J.

Sancte Vincenti a Paulo, ora pro nobis.

« 1er *mars* 1845. — Les Frères Myionnet et Gardès prennent possession d'une maison, rue du Regard, n° 16, louée par la Société de Saint-Vincent de Paul pour la réunion des apprentis qu'elle patronne. Les deux Frères donneront leurs soins à ces enfants et assisteront aussi l'OEuvre de la Sainte Famille fondée par la Conférence Saint-Sulpice. »

C'est l'acte de naissance de la Congrégation des Frères de Saint-Vincent de Paul.

Depuis plus de deux ans, en effet, M. Le Prévost et M. Myionnet, membre de la Conférence d'Angers, étaient pressés du désir de se consacrer, dans la vie religieuse, aux œuvres de zèle dont la Société de Saint-Vincent de Paul avait eu l'initiative en ces derniers temps.

Ils n'avaient pu trouver jusqu'alors les moyens de réaliser leur projet.

Quelques jeunes gens, dont s'était entouré M. Le Prévost, avaient promis de se consacrer à cette pieuse entreprise dont l'utilité leur apparaissait évidente. Mais quand il s'agit d'en venir aux effets, tous successivement se retirèrent, et le Frère Gardès lui-même, dont nous venons de voir le nom sous la plume de M. Le Prévost, ne persévéra pas au delà du premier dimanche de Patronage.

C'est à l'époque où M. Le Prévost et M. Myionnet attendaient le signal de la Providence pour mettre la main à l'œuvre, que la Société de Saint-Vincent de Paul résolut d'établir le Patronage dans la maison de la rue du Regard. Il fallait au Patronage un directeur, M. Fontaine, venu de la rue Neuve-Saint-Étienne avec les apprentis de Saint-Vincent de Paul, devant aller fonder un autre Patronage rue de la Roquette.

M. Le Prévost vit dans ces circonstances le signe providentiel attendu. Il fit venir d'Angers M. Myionnet, le fit agréer par la Société de Saint-Vincent de Paul comme directeur de la maison de Patronage de la rue du Regard, et l'y installa sans que cette démarche pût éveiller en aucune manière l'attention, encore moins l'étonnement.

Pour la plupart des membres des Conférences, M. Myionnet n'était qu'un confrère plus libre ou plus dévoué que d'autres, qui se donnait spontanément et sans rétribution aucune à l'œuvre entreprise par la Société d'après un nouveau plan.

Ce fut le 2 mars 1845, premier dimanche de Patronage, que M. Myionnet, installé la veille, ouvrit la maison aux jeunes apprentis. Mais laissons-le raconter lui-même cette journée mémorable de nos annales.

« Le premier mars, qui était un samedi, fut consacré à nous installer et à préparer la journée du lendemain, premier jour du Patronage, jour que je redoutais plus que je ne le désirais, car je n'aimais ni les enfants ni leur tapage ; mais j'étais en communauté et je n'y étais pas venu pour faire les choses de mon goût, mais ce que le bon Dieu me donnerait à faire.

« La journée se passa péniblement, mais enfin elle se passa. Quelle journée ! Quel désordre ! Quels gamins que ces petits Parisiens ! » Ces exclamations n'ont rien d'exagéré, car l'un des passe-temps de nos apprentis fut de démolir une cabane en briques qui se trouvait au fond du jardin. Aussi, le second dimanche arrivé, M. Myionnet, à bout d'expédients, se servit-il des ruines de la cabane pour donner quelque ordre à la troupe indisciplinée.

« Je fis en sorte, écrit-il, d'utiliser et de diriger l'activité de mes petits Parisiens ; j'avais fait provision de cordes à sauter, et au moyen d'une noix ou d'un pruneau sec que je donnais à tous ceux qui arrivaient à la place de premier, je me rendis maître de la pétulance de mon petit monde. Pour ceux qui ne savaient pas sauter, je les occupai à transporter les briques de la cabane qu'ils avaient démolie le dimanche précédent à l'autre extrémité de la cour, leur promettant des pruneaux en récompense, si elles étaient bien rangées. Ils se les passèrent de main en main comme font les maçons, cela les amusa beaucoup. Pour gagner du temps et faire durer le plaisir, je fis comprendre à mes jeunes travailleurs que pour être payés il fallait que le travail fût mieux fait. Ils se remirent gaiement à l'ouvrage, transportant les briques à l'autre bout de la cour. Ainsi se passa le deuxième dimanche; mes gamins n'avaient rien démoli, au contraire. »

De son côté, M. Maurice Maignen a raconté en quelques lignes les impressions de sa première visite au Patronage, qui dut avoir lieu le second, sinon le premier dimanche, puisque dès le troisième il fut chargé du cours de dessin.

« Le local était pauvre et dénué de tout agrément, disait M. Maignen, dans le rapport déjà cité (1882), le personnel des apprentis était assorti au local. La discipline était nulle. Le spectacle de ces enfants de douze à seize ans, mal vêtus et malpropres, grossiers et gouailleurs, était le plus répugnant qu'on puisse imaginer. Aussi, lorsque celui qui vous parle pénétra pour la première fois, par un jour d'hiver, dans la maison de Patronage de la rue du Regard, il éprouva pour ces enfants la plus vive répulsion et se promit bien de ne jamais s'occuper d'une œuvre pareille. »

La répulsion de M. Maignen pour les œuvres de patronage, pas plus que l'antipathie de M. Myionnet pour les enfants et leur tapage, ne tinrent longtemps contre la réalité des choses et l'impulsion de la charité. Mais ce qui ressort de ces témoignages, c'est que l'œuvre était extérieurement peu séduisante et que nul attrait sensible n'y portait ceux-là mêmes qui devaient lui donner leur vie.

Comment cette œuvre informe est-elle devenue l'une des ins-

titutions les mieux conçues et les plus fécondes de notre temps?
C'est ce que nous verrons dans la suite de ce récit.

Mais avant de pénétrer plus loin dans l'histoire du Patronage, il nous faut relire la description que M. Maignen a faite
de la maison de la rue du Regard, vrai berceau de notre Œuvre
et en particulier de la maison de Notre-Dame de Nazareth.

« C'était une véritable maison de charité, ce que l'on appelle
un bien d'hospice. Elle appartenait à l'Assistance publique, qui
portait alors le nom d'*Administration des hospices de Paris*.
Elle l'avait louée à long bail à la Société de Saint-Vincent de
Paul pour y installer le Patronage des apprentis.

« Cette maison avait été habitée précédemmen' par la congrégation des religieuses de Notre-Dame de Lorette, établie par
M. l'abbé de Malet, premier confesseur de M. Le Prévost. Les
religieuses de Sainte-Marie de Lorette y avaient subi les plus pé-
nibles épreuves pour une congrégation naissante, quinze d'entre
elles, en peu d'années, y avaient consommé leur sacrifice et avaient
échangé le paradis de la vie religieuse pour celui du ciel.

« C'était un vieil hôtel, qui datait de la moitié du dernier
siècle. Quoique délabré, il gardait encore quelques traces de sa
destination première. L'élévation des plafonds, les vieilles boiseries dont les salles étaient revêtues, leurs hautes et larges
fenêtres conservaient à cette demeure ruinée un reste de dignité un peu triste comme toute grandeur déchue. Le pauvre
vieil hôtel a disparu, il y a quelques années. L'ouverture du
prolongement de la rue Saint-Placide, lui enleva d'abord la
moitié de son jardin, témoin des jeux et des récréations de nos
premiers apprentis. Peu après, le bâtiment menaçant ruine fut
abattu; et, sur le terrain, qui demeura en vente pendant bien
des années, on éleva quelques hangars où s'établit un voiturier.
Enfin on trouva un acquéreur et une maison de produit lui a
succédé. Aucune trace ne reste donc aujourd'hui de cette vénérée
demeure, sinon au fond de nos mémoires un religieux souvenir.

« Nous allons essayer de décrire cette première maison mère et
cette première maison d'Œuvres des Frères de Saint-Vincent de

Paul, puisque aucun artiste n'a eu la pensée d'en conserver quelque croquis avant sa démolition.

« L'entrée était pauvre et presque misérable. La porte cochère, dépassant l'alignement, avançait trop près du ruisseau, pour ne pas être atteinte et souillée de boue par le passage des voitures. La maison avait pour tout serviteur un vieux concierge trop infirme pour se livrer au fréquent lavage de l'extérieur, à peine s'il pouvait venir à bout des soins intérieurs du ménage.

« La partie principale du bâtiment était précédée d'une petite cour où les pauvres stationnaient pendant l'hiver, lors des distributions d'aliments du fourneau économique par les Sœurs de charité.

« A droite, une salle basse servait d'abri aux habitués du fourneau qui venaient consommer sur place. Le dimanche, c'était la salle à manger des apprentis. Le soir, en semaine, le même local était utilisé par les cours ou par le catéchisme.

« Au-dessus de cette salle, deux pièces très basses servaient de bibliothèque, de bureau, de caisse des loyers, de cabinet de réception pour les membres de la Sainte-Famille. Le dimanche, le même local se transformait en confessionnal pour les apprentis. Au-dessus, un petit grenier était approprié en cellule pour le troisième Frère (1).

« A gauche de la cour, s'ouvrait le fourneau économique, et, au-dessus, le logement du concierge. Puis l'entrée principale du bâtiment et du patronage qui occupait toutes les vastes pièces du rez-de-chaussée donnant sur le jardin. La plus grande, servant de salle de réunion générale pour les apprentis, était garnie de gradins. Une statue de la sainte Vierge toujours ornée et l'image des saints patrons des principaux corps d'état égayaient la boiserie sombre. Ce vieux salon rappelait à la fois et l'hôtel aristocratique et l'ancien couvent. Il servait, selon les circonstances, à divers emplois. Il se transformait en oratoire pour la retraite de la Semaine sainte; en salle de spectacle pendant le carnaval, en élégant salon pour les soirées et les concerts de jeunes ouvriers. Dans la journée, durant la semaine, le salon voisin servait ou de

____

(1) M. Maignen se désigne lui-même par ces mots.

salle de conseil, ou de pièce de réception pour les patrons ou les parents des enfants.

« En retour d'équerre, sur le jardin, un petit pavillon formait le cabinet de travail du directeur. A la suite, venait une petite pièce ornée de la statue de Notre-Dame de Nazareth. On y réunissait le dimanche la Conférence de Saint-Vincent de Paul des apprentis pour la visite des pauvres, fondée en 1845, et, sans doute, la première en date des Conférences de jeunes gens. En semaine, c'était l'oratoire de la communauté. On y faisait l'oraison du matin. On y disait le petit office, on y récitait la prière du soir et le bon abbé Gibert, mort vicaire général de Moulins, ami tout dévoué de la petite communauté, venait souvent y prendre part. Sa vive sympathie était, pour nos premiers frères, une grande consolation dans leur solitude.

« Au dessus des salons du rez-de-chaussée régnait un premier étage ou grenier en mansarde. Il fut employé successivement à plusieurs usages. Deux pièces servant de cellules furent occupées par M. Myionnet et par M. Le Prévost. Entre les deux cellules, s'ouvrait une longue salle servant de dortoir à plusieurs apprentis orphelins, héritage de l'ancienne maison de la rue Copeau. Lorsque les Frères allèrent habiter la maison de Grenelle, on appropria ces locaux inoccupés en salons de récréation pour les jeunes ouvriers. Plus tard, quand cette réunion, devenue trop nombreuse, dut tenir ses séances dans les salles du rez-de-chaussée, le dimanche soir, après le départ des apprentis, on transforma la salle principale en oratoire pour la petite congrégation de piété, commencée en 1854 par M. E. Hello, et qui fut le premier noyau de la réforme du Patronage.

« Sous les fenêtres du rez-de-chaussée s'étendait le jardin, ou plutôt la jolie cour plantée d'arbres où les apprentis prenaient leurs ébats.

« Une statue de la sainte Vierge, offerte en 1850, par les premiers jeunes ouvriers persévérants, placée au fond de la cour, présidait aux récréations. On possède encore cette précieuse Madone. Elle est conservée pieusement au Cercle Montparnasse. »

Telle était cette maison de la rue du Regard qui fut le berceau de la Congrégation de M. Le Prévost et abrita pendant plus de dix ans le premier Patronage de la Société de Saint-Vincent de Paul. C'est d'elle que sortirent comme autant d'essaims les Patronages qu'elle fonda à Paris dans cet intervalle.

« Je ne passe jamais sans émotion dans la rue du Regard et devant la place effacée de cette chère maison, écrivait M. Maignen en 1882 ; je ne puis dire combien je restai attaché à cette pauvre demeure, combien de fois j'y fus transporté dans mes rêves, et la pénible sensation que j'éprouvais au réveil, en voyant que ce n'était qu'un songe et que la vieille maison n'existait plus. »

Nous avons vu quelle impression avait laissée à M. Myionnet et à M. Maignen la première journée de Patronage, écoutons maintenant les souvenirs du seul témoin vivant de cette journée mémorable, l'apprenti qui nous a déjà parlé du patronage de la rue Neuve-Saint-Étienne :

« Lorsqu'on nous apprit le départ, pour le dimanche suivant, à la rue du Regard, nous fûmes tous enchantés du déménagement. La jeunesse aime tant le changement !

« Cependant, tous les apprentis n'ont pas émigré à la rue du Regard ; un certain nombre des plus grands et des plus insoumis ont déclaré aux camarades, aussitôt la nouvelle annoncée, qu'ils ne s'y rendraient pas. On ne les a plus revus, à la satisfaction des plus jeunes...

« Je reviens à l'arrivée de M. Myionnet et de M. Maignen au patronage, succédant à M. Fontaine, appelé à diriger le Patronage de la rue de la Roquette.

« Autant que je puis me souvenir, leur arrivée, par suite de l'indiscipline et du désordre qui régnaient parmi les enfants, produisit deux impressions différentes. selon la manière de voir et la conduite de chacun. Les enfants qui aimaient le Patronage, faisaient leurs devoirs avec conscience, étaient assidus aux réunions du dimanche et auraient voulu de la tranquillité pendant les exercices, et pouvoir aussi s'amuser aux jeux permis pendant les récréations sans être molestés par les plus grands, accueillirent la venue de M. Myionnet et de M. Maignen avec l'espérance qu'ils seraient protégés et que le bon ordre serait rétabli. Ils

le pressentaient à l'avance, en causaient entre eux et avaient
confiance en l'avenir : les événements leur ont donné raison.
Tandis que les plus grands, qui avaient pris l'habitude de n'en
faire qu'à leur tête, n'écoutant aucun bon conseil, troublant tous
les exercices, ou faisant du scandale dans les rangs en allant à
l'église, auraient voulu voir durer cet état de choses. Ils avaient
un sentiment hostile contre ces Messieurs, s'opposaient à tout
changement qui mettait obstacle à leur genre d'amusement
préféré, qui consistait à faire le plus de dégâts possible, à se
battre entre eux en frappant les plus faibles, leur faisant, en
un mot, toutes les misères et les taquineries qu'ils pouvaient
imaginer, non par méchanceté, mais histoire de s'amuser...

« Ne croyez pas que je charge ce tableau, j'ai vu tout cela au
Patronage, à cette époque, et M. Maignen y a fait souvent allusion
dans ses discours, à sa fête, lorsqu'il comparait l'état actuel avec
celui qu'on pouvait appeler l'enfance du Patronage.

« L'impression générale parmi tous les apprentis a donc été
celle-ci : que si ces Messieurs voulaient réformer ces abus, rendre soumis les grands apprentis que les plus petits redoutaient,
faire renaître l'ordre partout, ils auraient bien du mal avant
d'y parvenir et y perdraient leur temps et leur jeunesse.

« Ils y sont cependant arrivés, et en peu de temps. Mais que
de mal ils ont eu ! Les apprentis qui n'ont pas voulu se sou-
mettre ont été renvoyés; on n'a gardé que les enfants qui ont
suivi le règlement plus sévère, appliqué petit à petit, avec une
science et un tact remarquables.

« Après quelques dimanches écoulés, on put avec satisfaction
voir les progrès réalisés; les plus insoumis étant partis, la tranquillité se rétablissait.

« Aux récréations, des jeux à courir furent organisés par les
amateurs d'exercices violents; il y eut des jeux de lotos et de bons
livres pour ceux qui préféraient les amusements tranquilles.

« En un mot, c'était une telle transformation que tout le
monde en était enchanté. On pouvait, dans le jardin, se livrer
tranquillement aux jeux de billes, de toupie, de tonneaux et
autres jeux que M. Myionnet avait introduits et enseignés. Le

fameux chariot que j'avais vu si mal employé, rue Neuve-Saint-Étienne, servait alors à des promenades inoffensives où chacun montait ou s'attelait à tour de rôle. »

Ce récit d'un ancien apprenti dont la mémoire est aussi bonne que le cœur loyal et fidèle, fait revivre sous nos yeux le patronage de la rue du Regard. Il nous montre quel tort peuvent causer à une œuvre quelques mauvais sujets auxquels elle ne fait aucun bien, et comme les bons enfants aspirent à ce qu'une main ferme les protège et les défende contre la tyrannie ou l'entraînement des mauvais.

M. Myionnet, dont la jeunesse s'était passée dans les internats, connaissait toutes les roueries employées par les écoliers pour tromper la vigilance de leurs maîtres ; cette science lui fut souvent utile au Patronage et plus tard à l'orphelinat qu'il dirigea pendant tant d'années. Il avait été, dans son enfance, grand amateur de toutes sortes de jeux, surtout des jeux à courir. C'est lui qui a introduit à la rue du Regard, et ensuite dans toutes les maisons du Patronage, le jeu des *barres militaires,* bien plus amusant que celui des *barres en face,* et l'un des grands attraits et des meilleurs exercices de nos œuvres.

« Un directeur qui ne connaît pas les jeux, écrivait-il, est un directeur de Patronage dont l'éducation ou la science est incomplète. Un aumônier qui, à l'occasion, sait jouer avec les enfants, fait quelquefois, par une partie de barres, autant de bien que par une instruction. »

On retrouve bien là celui qui en terminant sa philosophie au collège de Beaupréau, regrettait surtout les belles parties de barres que l'on y faisait et auxquelles il allait renoncer en retournant dans sa famille. D'ailleurs, les jeux à courir sont le meilleur des délassements pour le corps comme pour l'esprit ; une OEuvre où l'on joue bien est d'ordinaire une OEuvre pieuse et fervente. Le mauvais esprit, les conversations dangereuses ne s'allient guère avec l'entrain dans les jeux. M. Myionnet le savait par expérience, aussi recommandait-il toujours aux enfants de jouer. Il avait même une manière de prononcer ce mot qui exprimait en quelque sorte les rapports de la joie chrétienne avec l'entrain dans les jeux. « Allons, mes enfants, disait-il, il faut *joua*. »

Mais ce n'est pas chose facile que de conduire une centaine d'apprentis parisiens. Les enfants sont observateurs et ils cher-

M. CLÉMENT MYIONNET.
Premier Directeur du Patronage de Nazareth.

chent tout de suite à connaître le point faible de ceux qui les commandent afin d'en profiter. Nous en trouvons la preuve dans le récit du témoin déjà cité.

« Les apprentis, avec leur petit esprit frondeur et taquin, sous le coup des réformes qui eurent cours, avaient, en premier lieu, étudié le caractère de M. Myionnet et de M. Maignen, afin de voir s'il y avait un côté faible où ils pussent avoir prise pour faire un peu d'opposition et de résistance; mais les réformes furent faites sans bruit et avec tant de savoir-faire, que toute opposition ou résistance n'eut jamais sa raison d'être et que tous durent subir l'ascendant moral qui régularisa les exercices du Patronage comme s'il en avait toujours été ainsi.

« De dépit, les plus espiègles en furent réduits à surnommer M. Myionnet le *Père Bougon*. Quant à M. Maignen, avec ses traits réguliers et sa belle barbe d'un blond doré, il ressemblait si parfaitement à l'image que les peintres célèbres nous ont donnée de Notre-Seigneur, qu'ils lui en donnèrent le nom. Il était, du reste, d'une nature si bonne et si affable qu'on était porté tout naturellement à lui confier ses peines et à lui demander conseil dans tous les embarras de la vie.

« Si l'on avait besoin d'un bon avis et d'un encouragement amical, il était toujours prêt à les donner; on le trouvait à toute heure. Parisien lui-même, il se mettait à la portée de l'esprit parisien de tous ces apprentis de Paris, ce qui n'était pas possible à M. Myionnet, quoiqu'il fût un très brave homme avec un grand fond de bonté pour les apprentis.

« M. Maignen avait compris qu'il ne fallait pas trop leur en vouloir, à certains pauvres enfants, s'ils étaient insoumis et avaient parfois des paroles grossières à la bouche. C'est qu'ils donnaient en quelque sorte le reflet des ouvriers avec qui ils vivaient dans les ateliers. L'enfant cherche toujours à imiter l'homme, surtout dans ses défauts.

« Jusque dans le costume, on cherchait à imiter les ouvriers: dans les premiers temps du Patronage on ne venait qu'en blouse le dimanche, même en cotte et bourgeron, *pour avoir l'air travailleur:* on ne voyait ni paletot ni redingote. Quelle différence avec le costume de l'apprenti d'aujourd'hui! »

Il faut dire que le mode de recrutement du Patronage n'était pas non plus le même qu'à présent. C'était, dans toute la force du terme, un Patronage de la Société de Saint-Vincent de Paul, c'est-à-dire qu'il ne comprenait, à l'origine, que des enfants dont les familles étaient visitées par les Conférences, ou qui avaient été placés en apprentissage et, en quelque sorte, adoptés par elles.

« Dans toutes les Conférences, dit le *Rapport général* sur la Société de Saint-Vincent de Paul en 1843, on s'efforce de placer chez des maîtres chrétiens les enfants des familles visitées, de contribuer à leur entretien, de surveiller l'accomplissement de leurs devoirs religieux. Dans quelques-unes on a tenté de réaliser des résultats positifs en appliquant différents systèmes que nous allons passer rapidement en revue (1). »

Le rapporteur énumère ensuite les divers systèmes d'internats ou d'externats qui ont été adoptés par les Conférences; les mesures prises pour assurer la protection des apprentis dans les ateliers, etc. :

« La Société intervient dans le contrat d'apprentissage, y stipule pour l'enfant, veille à ce que ses intérêts matériels ne soient pas sacrifiés, et lui réserve le temps nécessaire à son éducation et à l'accomplissement de ses devoirs religieux.

« Un patron est nommé à chaque apprenti, et le visite au moins une fois par semaine dans son atelier, pour s'assurer si de part et d'autre les conditions du contrat d'apprentissage sont exactement remplies. Le système des livrets et des récompenses dont nous avons déjà parlé lors du Patronage des enfants est encore appliqué ici, mais avec les modifications que réclame l'âge plus avancé des jeunes ouvriers.

« Afin que le repos du dimanche soit mieux observé et ne soit pas profané par des plaisirs coupables, les jeunes apprentis sont réunis par les soins des membres de la Société. On a soin qu'ils assistent aux offices et à un catéchisme de persévérance où ils sont conduits soit isolément par des chefs d'ateliers, soit ensemble par des membres de la Conférence. On profite aussi du moment où ils sont réunis pour les perfectionner dans l'écriture, le calcul, le dessin et pour leur faire faire quelques cours qui achèvent leur éducation... La plus grande partie, ou pour mieux dire la presque totalité du dimanche est consacrée à des récréations, que les enfants, mêlés aux membres de la Conférence, prennent soit

____

(1) *Rapport général*, 1844, page 88.

dans des jardins, soit dans de vastes locaux où sont réunis des jeux de toute espèce (1). »

Il n'est pas possible de suivre avec plus de sollicitude l'éducation du jeune apprenti. Le membre de la Conférence qui l'avait visité, au moins une fois par semaine à l'atelier, le retrouvait le dimanche au Patronage. Surveillant l'enfant dans ses jeux, connaissant son patron et souvent sa famille, il avait nécessairement sur lui la plus grande influence.

C'est d'après ce principe du Patronage pratiqué dans sa plus grande extension par la Société de Saint-Vincent de Paul qu'avait été établie la Maison de la rue du Regard. Il ne faut donc pas s'étonner si le personnel des enfants était pauvre et leur extérieur peu attrayant. Peu à peu, d'autres enfants sollicitèrent leur admission, quoique n'étant pas présentés par la Société de Saint-Vincent de Paul; des familles d'ouvriers plus aisées; de petits employés, envièrent pour leurs enfants les avantages que la Société avait procurés aux enfants de ses chers pauvres, devenus de véritables privilégiés, par une de ces merveilles que la charité opère. Les portes s'ouvrirent devant ces nouveaux venus, ils apportèrent à leurs camarades l'exemple d'une éducation plus soignée, d'une politesse moins rudimentaire. Les premiers patronnés, à leur tour, se façonnèrent bien vite au contact d'enfants mieux élevés, et le niveau général de l'œuvre monta. Ce sera l'un des titres de gloire de la Société de Saint-Vincent de Paul, d'avoir traité l'enfant du pauvre de manière à ce que les familles qui n'ont pas besoin de ses secours matériels lui demandent au moins pour leurs fils le Patronage et l'appui moral qu'elle accorde aux plus déshérités.

(1) *Rapport général*, 1844, p. 59.

CHAPITRE DEUXIÈME

PREMIÈRES RÉFORMES. — LES CACHETS.
LES CHARADES. — LES PROMENADES. — LES HISTOIRES. — LES PAQUES.

Nous avons vu les embarras de M. Myionnet, le nouveau directeur du Patronage, pendant les deux premiers dimanches. La tâche n'était pas moins lourde pour lui durant la semaine. Seul pour tout organiser dans la maison, unique membre d'une congrégation à la naissance de laquelle tous les obstacles semblaient s'opposer, il fit preuve d'une admirable constance.

Le lendemain de la première journée de Patronage, Dieu lui envoyait une grande consolation. M. Le Prévost et M. Maignen venaient assister avec lui à la messe de 7 heures, chez les Lazaristes, et Mgr Angebault, évêque d'Angers, son confesseur et son guide, célébrait le saint Sacrifice devant la châsse de Saint-Vincent de Paul, découverte pour lui. C'était le lundi 3 mars 1845, jour à partir duquel la Congrégation des Frères de Saint-Vincent de Paul date sa fondation.

Après la messe, le vénérable Prélat voulut bénir la pauvre maison de la rue du Regard, il s'y rendit avec M. Myionnet et ses deux compagnons : tous ensemble récitèrent le *Veni Creator* et Mgr Angebault bénit la maison en adressant aux premiers Frères une allocution que M. Myionnet résume en deux mots : *courage et persévérance*.

Après le départ de Mgr Angebault, M. Le Prévost et M. Maignen se retirèrent pour aller aux bureaux de leurs Ministères et M. Myionnet resta seul dans cette grande maison en désordre, qui avait servi la veille de champ de bataille aux apprentis démolisseurs et turbulents.

Voici comment il raconte l'emploi de ces premiers instants :

« Après la bénédiction de Monseigneur commencent pour moi les occupations de tous les jours. Je ne sais si ma mémoire me trompe, mais je crois que ma première occupation fut de balayer les salles du Patronage et de laver la vaisselle dont les apprentis s'étaient servis la veille, n'ayant encore personne pour faire le service de concierge et pour faire la cuisine. Dans ce temps-là, les apprentis faisaient deux bons repas au Patronage avec soupe, viande, légumes en abondance. Un petit restaurateur des environs nous fournissait tout ce qui nous était nécessaire, sauf la vaisselle.

« Telle fut mon occupation pendant les premières semaines passées au Patronage. Un jeune avocat s'offrit de venir m'aider dans ces occupations domestiques. J'acceptai ses offres, et tous deux nous mettions promptement notre maison en ordre. »

Le confrère qui vint aider si charitablement M. Myionnet dans les soins du ménage était M. Paillé, dont le nom se retrouvera sous notre plume, car il devint, quelques années plus tard, le quatrième Frère de Saint-Vincent de Paul et il eut une part importante à la fondation de la maison de Notre-Dame de Nazareth.

Son humilité et son dévouement lui avaient valu la grâce de la vocation religieuse.

Nous n'entrerons pas davantage dans le récit des épreuves de la communauté naissante, où se manifesta d'une manière admirable l'invincible constance de M. Myionnet. C'est le Directeur de Patronage que nous étudions en lui actuellement.

Le lundi, M. Myionnet faisait « les écritures du dimanche », les contrats d'apprentissage, les réceptions des parents. Le mardi et le mercredi, il visitait les apprentis dans leurs ateliers. Le jeudi était consacré aux préparatifs de la journée du dimanche. Le vendredi, M. Myionnet assistait au conseil de placement des apprentis, qui se tenait chaque semaine, chez M. Bourlez, président général du Patronage de Saint-Vincent de Paul, pour tous les Patronages de Paris.

Le samedi, M. Myionnet effectuait le placement en apprentissage des enfants qui avaient été admis la veille au titre d'apprentis patronnés par la Société de Saint-Vincent de Paul.

Cette adoption des apprentis par la Société de Saint-Vincent de Paul était ainsi organisée.

Chaque Conférence présentait au conseil de placement les apprentis dont elle prenait la protection. Le conseil examinait les offres des patrons qui s'adressaient à lui pour avoir des apprentis. Il traitait avec les patrons. Le président général du Patronage de Saint-Vincent de Paul, M. Bourlez, signait les contrats au nom de la Société. L'une des clauses obligatoires de ces contrats était la liberté du dimanche pour l'apprenti, à charge pour la Société de Saint-Vincent de Paul de nourrir l'enfant ce jour-là.

Chaque conférence de Saint-Vincent de Paul devait pourvoir à cette dépense, pour les apprentis qu'elle avait présentés. Le délégué de la Conférence qui visitait l'apprenti à l'atelier, pour surveiller l'observation du contrat, le retrouvait le dimanche au Patronage et allait ensuite au conseil supérieur des Patronages rendre compte de ses visites et apporter à la caisse commune la somme due par sa Conférence pour la nourriture de ses patronnés.

Cette organisation qui obligeait à une comptabilité compliquée et imposait de nombreuses démarches aux membres des Conférences fut modifiée dans la suite. Elle nous fait connaître, du moins, l'esprit dans lequel la Société de Saint-Vincent de Paul entreprit l'œuvre du Patronage des apprentis et la place qu'elle lui donna entre les principales OEuvres commencées par ses fondateurs.

Voici quel était l'emploi de la journée du dimanche, à la maison de la rue du Regard, d'après le règlement arrêté au Conseil de Paris, le 18 mars 1845 :

« Les apprentis arrivent à neuf heures.

« De neuf à dix heures, récréation, réception des livrets sous la surveillance d'un membre de Saint-Vincent de Paul.

« De dix à onze heures, cours de dessin par deux professeurs, membres de la Société.

« A onze heures, dîner qui se compose de potage gras, bouilli, pain et dessert.

« De onze heures à onze heures et demie, récréation.

« A midi, instruction religieuse de vingt à vingt-cinq minutes par un ecclésiastique.

« A midi trois quarts, départ pour la messe d'une heure à Saint-Sulpice.

« De une heure à une heure et demie, messe.

« A une heure trois quarts, lecture des livrets, appel de la caisse d'épargne, tirage de loterie.

« A deux heures et demie, récréation et cours de calcul.

, « A quatre heures, salut à la chapelle de l'OEuvre, à Saint-Nicolas, rue de Vaugirard.

« A quatre heures trois quarts, second repas, qui se compose de pain, vin, viande et fruits.

« A cinq heures un quart, récréation, cours de chant.

« A six heures, promenade jusqu'à huit heures en été.

« A huit heures, départ. »

C'est le troisième dimanche du Patronage, 16 mars 1845, deux jours avant sa promulgation, que le premier essai complet de cette organisation fut tenté,

« Le troisième dimanche, je commençai à être plus maître de mes enfants, écrit M. Myionnet. Des confrères de Saint-Sulpice et des Missions venaient me prêter leur concours. M. Humbert, ingénieur en chef de la ville de Paris, M. Augustin Cochin, M. Leleu, M. Olivain qui était encore laïque m'amena son jeune élève, M. Georges de La Rochefoucauld. MM. Planchat et Maignen se mirent à la tête des cours de dessin, de musique, des exercices militaires et autres.

« Une commission composée de six membres, qui se réunissait toutes les semaines, s'occupait plus particulièrement des exercices de la journée. »

Cette commission ne faisait pas double emploi avec la Commission administrative, qui se réunissait tous les quinze jours; mais, étant composée des confrères qui secondaient plus assidûment le Directeur, elle pouvait étudier avec une compétence pratique bien plus grande les améliorations à introduire dans une œuvre où tout était à créer.

Nous avons les procès-verbaux de cette réunion qui s'intitulait : *Petite commission de la maison du Patronage de la rue du Regard*, et dont la première séance eut lieu le 29 janvier 1846.

Elle se composait alors de :

MM. Myionnet, Planchat, Nimier, Tondu, Maignen, Georges de Liancourt.

M. Maignen en était secrétaire, M. Myionnet, président. M. de Liancourt était l'élève de M. Olivain dont nous a parlé M. Myionnet. C'est ce que l'on appelle aujourd'hui le *Conseil de Direction*.

« Ce conseil hebdomadaire de direction, écrivait M. Maignen en 1882, s'est étendu depuis à nos diverses maisons de Patronage et a été le point de départ de toutes les améliorations introduites dans l'œuvre. »

Dans le rapport dont nous extrayons ce passage et qui sert comme de cadre à ce récit, M. Maignen distingue différentes époques ou périodes dans la vie du Patronage.

La première fut celle de la *simplicité des moyens;*

La seconde, celle des *distributions trimestrielles de récompenses;*

La troisième, celle des *Petites Conférences de Saint-Vincent de Paul;*

La quatrième, celle des *fêtes à outrance;*

La cinquième, celle de *la piété*, qui commence avec la translation du Patronage de la rue du Regard à la rue Stanislas.

Nous allons parcourir ces diverses périodes en rassemblant sur chacune d'elles tous les renseignements que nous avons pu recueillir et qui nous ont semblé de nature à offrir un réel intérêt.

La vie des œuvres se compose de détails, les grands événements y sont rares et c'est dans les faits et les anecdotes que l'on saisit le mieux l'esprit qui les anime et le secret de leur fécondité et de leur durée.

Nous avons vu commencer à la rue Neuve-Saint-Étienne-du-Mont et à la rue du Regard, la période dite de la *simplicité des moyens*. Elle va se prolonger encore pendant quelque temps.

Aux noix et aux pruneaux secs qu'il avait distribués d'abord pour encourager les joueurs. M. Myionnet substitua bientôt un mode de récompenses plus perfectionné.

Non contente de les nourrir le dimanche, la Société de Saint-Vincent de Paul voulait encore vêtir ses apprentis. Elle leur faisait, de temps en temps, des distributions de vêtements fort coûteuses et qui ne portaient aucun fruit. « Ils étaient donnés à ceux qui les demandaient avec le plus d'instance, ou qui étaient connus par le Directeur pour en avoir vraiment besoin. Ce mode de distribution, écrit M. Myionnet, me parut présenter bien des inconvénients, il n'y avait non plus aucune sanction pour les enfants qui venaient ou ne venaient pas, pour les bonnes ou mauvaises notes du livret données par les patrons ; je demandai à M. Bourlez la permission de changer cet état de choses et de faire acheter les objets de vêtements avec des bons points qui seraient donnés pour l'assiduité au patronage et les bonnes notes des livrets. Ces mêmes bons points serviraient pour maintenir la discipline dans la maison, en les retirant à ceux qui se conduiraient mal. Il n'est pas difficile de comprendre combien ces deux moyens ainsi combinés servirent pour établir la discipline. »

C'était déjà un progrès.

Le mois de mars 1845 n'était pas achevé que la maison de la rue du Regard avait pris un nouvel aspect.

Le 30 mars la *Commission administrative* tenait sa première séance sous la présidence de M. Bourlez, qui joignait à la présidence du Conseil supérieur du Patronage, celui de la maison de la rue du Regard. Les vice-présidents de la commission étaient MM. Le Prévost et Connelly ; quant au trésorier, c'était M. Decaux dont le nom apparaît ainsi dès l'origine de cette œuvre où nous le retrouverons pendant tant d'années et jusqu'à la veille même de sa mort.

Les distributions de vêtements et les cachets de récompenses n'étaient pas le seul attrait de la maison de la rue du Regard. « Pour l'apprenti parisien, disait M. Maignen, c'est le superflu qui est le vrai nécessaire. »

On n'avait eu garde de l'oublier.

Les charades et les promenades furent les grandes *attractions* de ces premiers temps du Patronage.

Laissons encore une fois la parole à l'un des témoins et des acteurs de ces premiers débuts du théâtre dans les Œuvres.

« C'était le bon temps, où aux jeux de toutes sortes venaient s'ajouter les petites pièces composées par M. Maignen ou les charades dont il donnait le mot. Tout cela se jouait dans la classe, sans costumes d'emprunts, devant les camarades. On ne doutait de rien. On jouait le *Petit Poucet,* toujours sans costumes, avec les vestes ou les blouses retournées. Un des plus grands, qui faisait l'ogre, avait une grosse paire de moustaches sous le nez et des bottes que M. Myionnet lui avait prêtées. Un tout petit, nommé Millet, remplissait le rôle du Petit Poucet, et venait s'emparer des bottes de sept lieues; il avait une si drôle de manière de les prendre... que M. Myionnet riait aux éclats.

« On jouait aussi la *Prise d'Alger,* grande pièce militaire, où l'on voyait des soldats français en civil, faire prisonniers des Bédouins en bras de chemises. On voyait aussi l'ami Louandre (ferblantier-lampiste), dans le rôle du Dey d'Alger, avec des moustaches et un turban, assis en tailleur sur un trône formé d'un petit matelas plié en deux, recouvert d'un foulard rouge.

« C'est là que mon ami Tissier, fait prisonnier par les Bédouins et amené en présence du Dey, fit cette réponse mémorable au ministre qui voulait le faire prosterner devant lui :

« La tête d'un soldat français tombe sur le champ de bataille ; « mais apprends, vil esclave, qu'elle ne se courbe pas! »

« Quelquefois aussi, on improvisait de petites pièces figurant la rencontre fortuite d'apprentis, au bout de huit ou dix ans écoulés, se promenant la canne à la main et se demandant des nouvelles des anciens du Patronage. — Te souviens-tu d'un tel, et d'un tel? qui étaient ceci, cela! Eh bien, que fait-il, à présent?

« Je vous laisse à penser quels éclats de rire lorsqu'on leur attribuait une situation tout à fait opposée à leurs habitudes et à leur caractère que tous connaissaient. Un jour, un des plus éveillés demanda à son camarade rencontré par hasard, toujours se promenant la canne à la main : — Te souviens-tu d'un de ces messieurs qui nous mettait si bien au piquet pendant la récréation? — Comment était-il? — Un grand, avec une barbe rouge. — Ah oui! monsieur Maignen! — Qu'est-il devenu? A ces mots, M. Myionnet intervint et ne jugea pas à propos de laisser l'ami faire la réponse. Il s'interposa, tandis que M. Maignen, tout en riant de bon cœur, disait : — Laissez-le donc répondre! »

On voit par cet exemple et il est aisé de le comprendre, que le jeu des charades n'était pas toujours sans inconvénients ; aussi fut-il abandonné plus tard, mais pendant longtemps ce fut l'attrait des soirées d'hiver et des jours de pluie.

Les promenades datent du même temps ; celles du lundi de Pâques et du lundi de la Pentecôte étaient en honneur à la rue Neuve-Saint-Étienne. A la rue du Regard, on ajouta des promenades de récompense.

« Pour les apprentis dont l'assiduité et la conduite étaient satisfaisantes, M. Maignen avait organisé, dans la belle saison, des promenades aux environs de Paris. Il emmenait, après déjeuner, une demi-douzaine des mieux notés. On partait à pied, visiter l'église du pays choisi comme but de promenade. On assistait au Salut, puis on dînait où on se trouvait, ce qui était très amusant. Ensuite on revenait à pied, toujours, et chacun rentrait bien fatigué, mais charmé de l'excursion et prêt à recommencer.

« Ces belles promenades, malheureusement, n'ont pas duré assez longtemps à notre gré et je l'ai bien regretté. »

Que d'autres amusements plus simples encore et moins dispendieux faisaient la joie des premiers temps du Patronage !

« M. Myionnet enseignait des jeux de toute sorte, raconte encore notre apprenti, dans le jardin, dans l'intérieur lorsqu'il faisait mauvais temps, de belles parties où des centaines de billes étaient comme enjeu, jamais on n'avait vu ça ! Pour nous faire plaisir, n'avait-il pas l'attention, pendant les temps de gelée, de creuser des rigoles qu'il remplissait d'eau le samedi pour nous donner de belles glissades le dimanche, où il s'élançait le premier pour nous entraîner ? Je vous assure qu'on le suivait de près et, si l'un de nous tombait, tous tombaient comme des capucins de cartes les uns sur les autres. Quel plaisir on prenait à ces glissades ! Et surtout, quand la neige tombait, quelles chaudes batailles il y avait ! M. Myionnet se frottait les mains, c'était sa manière de témoigner sa satisfaction.

« M. Maignen, de son côté, s'occupait de l'intérieur où séjournaient les apprentis plus paisibles qui évitaient les jeux bruyants et restaient à lire, à dessiner ou jouer à des jeux tranquilles dans le salon réservé à cet effet. »

M. Maignen s'appliqua toujours à donner aux bâtiments et aux salles de réunions des OEuvres, un certain cachet artistique et distingué qu'il recherchait non seulement par goût et par instinct d'artiste, mais pour inspirer aux jeunes gens un sentiment élevé de respect pour la maison où ils se réunissent et par conséquent pour eux-mêmes. Il n'aimait pas dans les OEuvres l'aspect vulgaire d'une salle à tout usage, il avait l'orreur des murs nus et uniformes. Si c'était au jardin, il ne ménageait rien pour les faire disparaître derrière les arbustes ou sous le lierre; à l'intérieur, il les revêtait d'un papier frais et fleuri, et surtout d'images, de gravures qui étaient un enseignement pour l'esprit, en même temps qu'un agrément pour les yeux.

Il commença, dès l'origine, à la maison de la rue du Regard, à orner les salles d'images représentant les saints patrons des corps de métiers, M. Myionnet tendait, lui aussi, à élever les intelligences et les cœurs, mais il y tendait pas d'autres voies. Il n'était point artiste et ne s'inquiétait guère de l'harmonie des couleurs ou de l'unité de style dans la décoration des salles du Patronage. M. Maignen racontait, à ce sujet, un trait de caractère qui les peint bien l'un et l'autre.

Quand le nombre des apprentis eut augmenté rue du Regard, on fit faire quelques bancs neufs pour asseoir les nouveaux venus; leur blancheur contrastait singulièrement avec la teinte des vieux bancs apportés de la rue Neuve-Saint-Étienne, M. Maignen en était choqué et proposait de leur faire donner une couche de peinture. « Allons donc, répondit M. Myionnet, ils les auront bientôt noircis avec leurs fonds de culottes! » On ne saurait être plus réaliste! et M. Maignen, indigné, s'en allait confier ses peines à M. Le Prévost qui mettait tout le monde d'accord.

C'est dans cette salle du rez-de-chaussée de la maison de la rue du Regard que se tenaient les réunions où l'on racontait les histoires si goûtées des apprentis. Ceux-ci les consignaient à leur tour sur des cahiers, dont les plus soignés sont parvenus jusqu'à nous.

Ernest Nicolas, le témoin que nous avons si longuement cité, tenait la tête pour la fidélité de ses récits et le naturel de son style. « Quelles belles histoires nous lisait le soir M. Maignen! raconte-t-il, si bien écrites et faites exprès pour ses apprentis! Comme il connaissait bien leur caractère et leurs habitudes! C'était pris sur le vif; je me rappelle encore le titre des deux premières, ayant trait à la vie des apprentis : « La première paye » et « Les mauvais patrons sont les meilleurs ».

Ces deux histoires ont été publiées en 1851, dans l'*Almanach de l'Écolier et de l'Apprenti* que rédigeait M. Maignen. Nous citerons la fin de la première, aussi remarquable par la forme littéraire que par les sentiments élevés qu'elle devait inspirer aux apprentis. Ce récit n'est pas une œuvre d'imagination, c'est en visitant les ateliers, en causant avec les patrons et les ouvriers que M. Maignen en avait recueilli la confidence. Combien ces pages viriles et chrétiennes grandissent aux yeux des hommes le rôle de l'ouvrier, plus que toutes les déclamations des démocrates et des socialistes!

LA PREMIÈRE PAYE. — RÉCIT D'UN OUVRIER.

Le jour tant désiré était arrivé. Je reçus mon livret. Mon patron me promit de me garder comme ouvrier et m'offrit quarante sous par jour pour commencer. J'acceptai avec reconnaissance, et ce fut une joie d'accourir aussitôt pour donner cette bonne nouvelle à ma famille; je gravis l'escalier avec un battement de cœur.

« Te voilà heureux, me dit mon père, te voilà ouvrier. Maintenant que tu es un homme, tu es maître de ta personne et de ta vie. Fais-en bon usage, mon garçon. Tu n'en seras peut-être pas plus riche, mais tu pourras, comme moi du moins, donner à tes enfants le nom d'un honnête homme. »

Ma mère me regardait de loin fixement avec émotion; j'allai à elle et l'embrassai. Elle me rendit mes caresses en silence.

On ne me disait plus rien. Je me promenais dans la chambre, ne sachant que dire ni que faire.

— « Comment vont vos petites affaires? dis-je enfin.

— Tout doucement, répondit mon père; quelques petits raccommodages par-ci par-là, bien peu de chose; de quoi manger, voilà tout.

— De quoi auriez-vous besoin en ce moment? ajoutai-je timidement. »

On ne me répondit pas. Ma mère se retourna; il me sembla que c'était pour essuyer ses yeux.

Mon père dit enfin :

— « Ne t'inquiète pas, mon garçon : jusqu'ici le bon Dieu nous a envoyé ce qu'il fallait pour ne pas mourir de faim ni de froid; il ne nous abandonnera pas maintenant; songe plutôt à tes besoins : tu n'as qu'une paire de souliers qui est bien mauvaise; tu n'as plus de chemises; l'hiver approche, et tu n'es pas vêtu.

— Oh! m'écriai-je, il s'agit bien de cela! »

Un regard de mon père coupa ma phrase et me fit baisser les yeux. Un regard de ma mère me consola. J'allai me placer auprès d'elle, devant une vieille commode qu'on avait mise à la place de mon lit, il y avait quatre ans, lorsque j'entrai en apprentissage.

— « Il faudra ôter cette commode, dis-je à demi-voix.

— Pourquoi? répondit ma mère.

— Pour y mettre mon lit..., comme autrefois. »

Ma mère m'embrassa.

Je m'en retournai chez mon patron en courant, le cœur léger et joyeux, et le reste du jour, je fis retentir l'atelier de mes plus belles chansons.

On transporta mon lit chez mes parents, où je retournai chaque soir. Mêmes procédés de leur part : pas un mot sur l'emploi de mon futur salaire. J'étais libre encore; tout devait se décider le jour de la paye. Il arriva enfin.

Lorsqu'on me remit trois grosses pièces blanches toutes neuves, quand je les vis reluire dans ma main, lorsque je les sentis en ma possession comme mon bien, ma propriété, mieux encore, le fruit de mon travail, le prix de quatre années de douleurs, de fatigues et de courage, l'étonnement, le bonheur brisaient ma poitrine : j'étais fou de joie.

Sans hésitation je fis mon devoir. Je courus, dans un élan qui ne peut pas se rendre, à la demeure de mes parents, donner bien vite tout mon argent à ma mère et me jeter dans les bras de mon père, qui me serrait dans les siens en pleurant.

« Tu ne sais pas dans quelles angoisses nous t'attendions, murmura-t-il en me pressant sur sa poitrine; mon cher enfant, nous ne doutions pas de ton cœur ni de ton affection; mais à ton âge les passions sont si fortes, si cruelles, si dénaturées souvent! Nous voyons tous les jours tant de pauvres parents souffrir, abandonnés de leurs enfants, que nous tremblions pour toi malgré nous, mon enfant,

non point pour nous, mais pour toi ; car, vois-tu, commencer par
oublier son père et sa mère, c'est mal entrer dans la vie, et c'est
attirer sur elle la malédiction de Dieu. Mais tu ne nous a pas abandonnés, toi, mon cher enfant. Dieu te bénira. Oh ! nous sommes bien
heureux, nous avons un fils, nous avons élevé un honnête homme. »

Et des larmes inondaient le visage de mon vieux père.

Ma mère me couvrait de baisers.

« Si tu savais comme j'ai souffert depuis quinze jours ! répétait-
elle, combien j'ai pleuré ! combien j'ai prié pour toi ! mais tout est
fini maintenant : tu nous aimes, tu nous aimes... »

Et ils m'embrassaient à la fois.

Vous comprenez qu'on n'oublie jamais de pareils moments. Leur
souvenir retentit dans toute la vie, pour nous consoler dans nos peines
et nous conseiller aux jours d'épreuves. Combien ils nous font aimer
le travail, l'état qui nous les a donnés ! Gens du monde, gens de plaisirs, riches, heureux, puissants de la terre, connaissez-vous ces bon-
heurs-là ? Oh ! non, ils sont la part du pauvre, la part de l'ouvrier.
Béni soyez-vous, mon Dieu, car vous n'avez, même ici-bas, déshérité
aucun de vos enfants !

On comprend que de tels récits aient laissé chez ceux qui les ont
entendus une impression ineffaçable, et qu'après cinquante ans,
l'un des apprentis d'alors en ait conservé le souvenir.

Cependant, malgré toutes ces réformes, malgré les sacrifices
et le dévouement des confrères les plus aptes à une pareille tâche,
le Patronage ne donnait pas, au point de vue religieux, les fruits
qu'on en avait espérés et que semblaient mériter tant d'efforts.

M. Myonnet le constatait mieux que personne, et son amour
des âmes lui rendait cette constatation d'autant plus pénible qu'il
avait tout sacrifié pour cette œuvre où les résultats apparents
étaient si petits.

Il a consigné dans ses notes, pour l'édification des Directeurs
découragés par la stérilité de leurs travaux, l'entretien qu'il eut,
à cette époque, avec un bon Frère de la Doctrine chrétienne, et
quelque temps après avec un saint prêtre lazariste. le premier
aumônier du Patronage.

Leurs paroles méritent d'être conservées :

« Le Frère directeur du Patronage de la rue Saint-Étienne-du-

Mont, à qui je succédais, vint me voir, nous causâmes patronage.
Je lui demandai plusieurs renseignements. Il était expert et avait

M. MAURICE MAIGNEN.
D'après la gravure d'Henry Joffroy.

une certaine réputation. Pour ma part, il n'y avait que quelques
mois que j'étais du métier. Je lui fis part de ma désolation de

voir dépenser tant de temps et d'argent pour aboutir à si peu de chose que le bien fait par le Patronage me semblait presque nul. Ce bon Frère me donna quelques bonnes paroles qui me réconfortèrent. « Ne croyez pas cela, me dit-il, vous ne faites pas rien en gardant ces enfants-là le dimanche, autour de vous, vous les empêchez de commettre bien des péchés mortels qu'ils n'éviteraient pas s'ils étaient ailleurs. Comptez-vous pour rien d'empêcher un seul péché mortel? » Ces bonnes paroles me remontèrent, fortifièrent ma foi, et je continuai ma route avec plus de courage.

« Une autre fois, quelques semaines après la révolution de février 1848, toujours poursuivi par cette pensée que ce que je faisais au Patronage n'était rien, je m'en entretenais avec M. Rousseau, bon prêtre lazariste qui, tous les dimanches, faisait l'instruction et confessait les enfants. Il me répondit aussi par ces bonnes paroles bien propres à fortifier ceux qui voudraient voir de suite les fruits de leurs travaux : « Ne vous figurez pas, me dit-il, que ce que vous faites est inutile, ce que vous faites portera son fruit, pour vous, pour vos enfants, pour l'Église et pour la société. Travaillez pour Dieu, et ne travaillez pas pour jouir du résultat de votre travail, Dieu ne permettra peut-être pas que vous le voyiez. Votre travail est profitable pour vous, parce que tout ce que l'on fait pour Dieu recevra toujours sa récompense en cette vie ou en l'autre. Il sera profitable pour vos enfants, oui, pour ces enfants qui ne vous écoutent pas quand vous leur parlez, et pour le salut desquels vous usez votre vie ; ils vous écouteront quand vous ne leur parlerez plus; c'est dans le malheur, c'est dans la maladie, c'est quand ils seront pères de famille, c'est quand ils seront près de mourir qu'ils vous écouteront. Quand on travaille au salut des âmes par un pur amour de Dieu, Dieu donne sa bénédiction à l'ouvrier et à son Œuvre.

« Votre travail sera profitable à la religion et à la société ; mais cela ne se fera que très lentement, sans que vous puissiez jouir des résultats de vos efforts. Si on compare une semaine à l'autre, une année à l'autre, les progrès sont inappréciables, mais si vingt ans après vous regardez en arrière, vous apercevez un mouvement vers le bien.

« Travaillez avec persévérance, suivez l'enfant sortant de l'école, jusqu'à l'époque de son mariage, époque de la vie la plus dangereuse à traverser, et dans vingt-cinq ans vous verrez peut-être le commencement des fruits de votre travail, il faut cinquante ans, cent ans, pour transformer une société. »

Ces paroles vraiment inspirées par la plus haute sagesse et par une science consommée des conduites de Dieu sur les Œuvres ont eu, en ce qui concerne celles-ci, une portée presque prophétique. Il n'a pas fallu moins de vingt ans, pour donner à l'institution des Patronages de Saint-Vincent de Paul une organisation complète et une méthode consacrée par des résultats. Il a fallu vingt autres années pour que de l'œuvre des Patronages sortît une grande œuvre, celle des Cercles catholiques d'ouvriers, qui a commencé dans toute la France un mouvement de renaissance catholique, dont le concours des plus funestes circonstances a pu seul entraver l'essor. Le siècle prochain verra peut-être, si les successeurs restent fidèles aux aînés, la transformation par la foi de ces masses ouvrières aujourd'hui égarées par le socialisme et la Révolution.

On était loin de ces espérances en 1845; s'il acceptait avec humilité et avec foi les encouragements qu'on lui donnait, M. Myionnet ne travaillait pas moins ardemment à perfectionner les moyens d'action dont il disposait. Les confrères de Saint-Vincent de Paul, laïques comme il l'était lui-même, ne pouvaient guère plus qu'ils ne faisaient.

« Grâce au zèle infatigable d'un grand nombre de confrères dévoués et aux améliorations successives opérées dans l'œuvre, écrit M. Myionnet, les enfants venaient avec plaisir au Patronage; un certain nombre y persévéraient; il fallut bientôt agrandir de moitié la salle des réunions; et la cour devenant trop petite pour les jeux, nous prîmes le parti de conduire nos enfants tous les dimanches, soit au jardin du Luxembourg, soit avenue de Breteuil, dans la saison des cerfs-volants, soit sur la plaine de

Montparnasse, en face la chapelle des Dernières Prières, aujourd'hui chapelle de Notre-Dame de Nazareth. »

Il fallait quelque chose de plus, pour former les apprentis à une vie vraiment chrétienne et leur inspirer cette foi et cette piété sans lesquelles la persévérance est impossible au milieu des ateliers de Paris.

Or, les secours religieux étaient ce qui manquait le plus au Patronage de la rue du Regard. Pour qu'une OEuvre soit véritablement chrétienne et produise des fruits de salut, il faut qu'elle ait en elle-même un foyer de vie surnaturelle, c'est-à-dire un prêtre zélé et une chapelle.

A la maison de la rue du Regard, le foyer était au dehors et, dans les premiers temps, il n'y avait pas de prêtre qui fût là, toujours présent, toujours accessible, pour donner lumière et force aux âmes, inconstantes et faibles, des pauvres petits apprentis.

« ... Pendant les premiers dimanches, raconte M. Myionnet, nos enfants n'avaient pas d'autre messe que celle d'une heure à Saint-Sulpice, où ils étaient fort mal placés, sous le grand orgue et sur des banquettes où l'on ne payait pas. Nous n'avions pas de Salut. Ce ne fut qu'au bout de quelques semaines que Mgr Bervenger eut la charité de nous recevoir dans la tribune de la chapelle de l'Institution de Saint-Nicolas, rue de Vaugirard, avec les parents de ses enfants que nous gênions beaucoup, et où nous n'étions pas très bien. Il nous manquait encore un confesseur et une instruction. Saint-Vincent de Paul nous regarda en pitié et nous reçut dans sa chapelle des Lazaristes où nous trouvâmes instruction, Salut et confession. C'est alors que le Patronage prit une certaine physionomie religieuse. L'église des Carmes, plus rapprochée de la maison que Saint-Sulpice, nous fut aussi accordée pour la messe; nous avions moins loin à conduire nos enfants; ils étaient plus recueillis, et, après la messe, nous n'avions que quelques pas à faire pour nous récréer dans le jardin du Luxembourg. C'est alors que le jeu de barres militaires commença à jouir de la grande faveur qu'il a conquise aujourd'hui dans toutes les maisons de Patronage.

« ... Si nous avions des difficultés pour faire assister nos en-

fants à la messe et au Salut et les faire confesser, c'était bien une
autre affaire pour la communion. Nos pauvres apprentis se con-
fessaient assez volontiers le dimanche dans l'après-midi, mais
pour la communion, elle ne leur était pas possible. Comment les
avoir en ce jour dès huit heures du matin? Ils étaient presque tous
logés et nourris chez les patrons, et avaient bien de la peine à
arriver pour la messe de midi. Nous n'avions pas de prêtre à
notre disposition. La première année, à peine avions-nous pu
faire faire les Pâques à sept ou huit enfants. Je n'étais au Patronage que depuis quatre ou cinq semaines. L'année suivante,
sachant un peu mieux m'y prendre, nous fûmes plus heureux.
Comme le lundi de Pâques on ne travaille pas dans les ateliers,
ayant tous nos enfants au Patronage le jour de Pâques, nous
les faisions se confesser et le lendemain nous les conduisions à la
messe de huit heures à Saint-Sulpice, notre paroisse, pour les
faire communier.

« Après un bon déjeuner, nous les emmenions en promenade.
Le lendemain, dans les ateliers, ils parlaient de la belle promenade de la veille, mais ne disaient rien de la communion faite le
matin. Voilà comment nous étions obligés de nous y prendre,
jusqu'au moment où nous eûmes le bonheur d'avoir une chapelle à
nous, et où le bon Dieu voulut bien nous envoyer des prêtres pour
instruire, faire confesser et communier nos pauvres enfants. »

Il n'est pas surprenant que dans de telles conditions les résultats et les fruits spirituels du Patronage fussent médiocres, mais
il était dans les desseins de la Providence de procéder lentement, et
comme par degrés, avant d'accorder à l'œuvre naissante les appuis
qu'il lui destinait et qui pouvaient paraître alors le plus nécessaires.

Il y a dans cette lenteur divine un grand enseignement, que
les hommes consacrés aux œuvres de zèle ne sauraient trop médi-
ter. M. Le Prévost lui-même, si abandonné au bon plaisir de Dieu,
mais très ardent par nature, se laissait parfois aller à dire, avec
un fin sourire : « Le bon Dieu est contrariant! » C'est qu'en effet,
la manière dont Dieu gouverne les Œuvres ne répond pas, d'ordinaire, à nos vues et à nos désirs ; il ne donne que séparément et
à de longs intervalles les moyens de faire le bien que nous voulons

et qu'il veut lui-même plus que nous. Il ne permet pas souvent que nous voyions le résultat de nos peines et que nous recevions en ce monde la récompense de nos travaux. Toujours cependant, et c'est notre espérance, « quand on travaille au salut des âmes par un pur amour de Dieu, Dieu donne sa bénédiction à l'ouvrier et à son œuvre ».

L'avenir a montré la vérité de cette parole. L'œuvre du Patronage est devenue l'une des œuvres les plus fécondes et les mieux conçues de notre temps.

« Le jeune confrère qui met pour la première fois le pied dans une maison de Patronage, écrivait M. Maignen, est porté à croire que les moyens d'action qu'il met en usage, et qui lui semblent si simples, ont toujours fonctionné ainsi.

« Non, cher confrère, ne le pensez pas ; ce n'est pas du premier coup que l'on a deviné que la piété était la vie même de cette œuvre ; que les jeux à courir étaient son meilleur attrait ; que le dévouement des grands aux petits était possible, et le plus sûr moyen de leur persévérance.

« L'histoire d'une œuvre apostolique, avec ses douleurs et ses luttes, est aussi un témoignage pour la foi.

« On ne peut pas toujours verser le sang de ses veines comme l'abbé Planchat à la rue Haxo, mais dans le combat des œuvres pour la vie de ses frères on donne goutte à goutte le sang de son âme, et c'est bien aussi un martyre.

« Hélas! si vous pouviez savoir toutes les écoles que nous avons faites, les préjugés d'éducation libérale qu'il nous a fallu vaincre, les fautes que nous avons commises, et les échecs sans nombre qui ont précédé l'état de choses qui vous semble si facile! Il faudrait des volumes pour le raconter. »

CHAPITRE TROISIÈME

Avant de terminer le récit des événements de l'année 1845,
à la rue du Regard, il nous faut faire une mention particulière
de la fête de saint Vincent de Paul qui y fut célébrée pour la
première fois le dimanche 20 juillet. C'était la première fête un
peu solennelle du nouveau Patronage. Nous n'avons point de
détails sur les réjouissances qui furent offertes aux apprentis à
cette occasion, mais nous savons qu'elle fut signalée par une
fondation importante, qui exerça bientôt une grande influence
sur l'œuvre, la fondation de la première Petite Conférence d'apprentis.

Voici en quels termes, un enfant du Patronage, devenu, peu
après, Frère lazariste, racontait, en 1847, l'origine de la Petite
Conférence.

« Le 20 juillet de l'année 1845, fête de notre bienheureux Père
saint Vincent de Paul, M. l'abbé Gaduel fit une petite instruction sur la vie et les vertus de ce saint, à tous les apprentis patronnés par la Société de Saint-Vincent de Paul, réunis dans la
maison de Patronage de la rue du Regard.

« Son discours se porta principalement sur la charité que ce
grand saint montra dès sa jeunesse. Pendant ce discours, notre
bon directeur conçut un dessein dont il nous fit part quelques
jours après.

Voici ce qu'il nous dit : — « Mes chers enfants, lorsque M. l'abbé
Gaduel parlait, une pensée m'est venue à l'esprit; c'est que
vous aussi, à l'exemple de saint Vincent, vous pourriez soulager les

pauvres selon les moyens que vous en avez. Qu'il serait beau de voir les pauvres secourus par des enfants pauvres! Voilà donc ce que j'ai pensé : vous pourriez, chaque dimanche, faire une petite quête entre vous; avec le produit de cette quête, il serait acheté des bons de pain que, vous-mêmes, accompagnés d'un membre de la Conférence de Saint-Sulpice, porteriez aux familles pauvres.

« Vous voyez, mes chers enfants, que vous aussi pouvez secourir les pauvres, et soyez assurés que vous aurez votre récompense, car Jésus-Christ a dit qu'un verre d'eau froide donné à un pauvre en son nom ne resterait pas sans récompense. »

« Ce discours fut accueilli avec joie et l'on se mit à l'œuvre. Depuis, la quête se fit chaque dimanche, et nous commençâmes à visiter les familles pauvres tour à tour, mais tout se bornait là.

« Le jour de Noël de la même année. nous préparant à assister à la messe de minuit qui devait être chantée dans la chapelle des Lazaristes, notre Directeur m'annonça qu'une Petite Conférence devait être formée parmi les apprentis de la rue du Regard, sur le modèle des Conférences de la Société de Saint-Vincent de Paul.

« C'était un beau jour pour commencer cette petite association que celui où Notre-Seigneur naît pauvre au milieu de nous. On nous recommanda bien de prier pour cette œuvre.

« Le jour de Noël, à deux heures, la première séance fut ouverte : nous étions quatre apprentis admis à cette Conférence; elle était présidée par M. Connelly, avocat, président de la Conférence de Saint-Jacques...

« Six mois plus tard, elle avait déjà pris beaucoup d'accroissement, le nombre des membres de la Petite Conférence, qui était de quatre lors de son commencement, était venu jusqu'à dix. C'est à cette époque que l'on proposa de faire imprimer des bons de pain au nom de la Petite Conférence, car jusque-là les bons donnés aux pauvres avaient été au nom de la Société de Saint-Vincent de Paul. Ceci fut adopté, et un apprenti, membre de la conférence, imprimeur de son état, fut chargé de l'exécution. »

Ainsi commença, dès la première année de Patronage, sous l'inspiration de saint Vincent de Paul et par l'initiative de

M. Myionnet, cette œuvre des Petites Conférences, qui s'est répandue partout et a fait tant de bien : mais admirons encore comme elle a commencé petitement, malgré cet accroissement de six membres en six mois, que notre jeune Frère lazariste estime considérable.

Nous verrons plus loin que pour avoir voulu se développer trop vite et sans égard à la disposition des enfants, l'œuvre des Petites Conférences fut un moment compromise.

M. Le Prévost n'avait donc pas tort de craindre dès le début un trop rapide accroissement du nombre des patronnés à la rue du Regard.

Dans la séance du 18 mai 1845, M. Myionnet, rendant compte à la Commission administrative de l'état du Patronage, avait accusé le chiffre de soixante-cinq enfants inscrits, dont cinquante-cinq environ fréquentant exactement les réunions.

M. Le Prévost, qui présidait la séance, en prit occasion pour recommander beaucoup de discrétion dans les admissions, surtout des enfants non patronnés par les Conférences, afin de pouvoir toujours recevoir ceux qui seraient présentés par elles.

Il revient encore sur la même pensée à la séance du 24 juillet, réclamant « une réduction dans les admissions : cette réserve lui paraît indispensable pour l'amélioration de l'œuvre, dit le procès-verbal, le petit nombre d'enfants permettrait d'assurer l'esprit de famille dans l'intérieur de la maison. »

C'est toujours la même préoccupation de M. Le Prévost, voulant, surtout à l'origine, asseoir les œuvres sur un fondement solide. Former quelques âmes étroitement unies, les pénétrer du même esprit avant de développer l'œuvre, telle était sa méthode préférée.

L'année 1846 vit apporter certaines améliorations à l'action religieuse dans le Patronage. M. Rousseau, prêtre de Saint-Lazare, donna assez régulièrement les soins de son ministère aux apprentis. La chapelle des Carmes, dite chapelle des Martyrs, fut mise à la disposition du Patronage pour l'instruction du soir, et Mgr l'archevêque de Paris accorda la permission d'y donner le Salut aux apprentis.

Il est remarquable de voir ce précieux sanctuaire devenir en quelque sorte la première chapelle des apprentis de Saint-Vincent de Paul. C'est là que l'archevêque d'Aix et un grand nombre de prêtres avaient été massacrés pour la foi en 1792 ; c'est dans cette chapelle qu'avait été célébrée la première ordination catholique qui fut faite à Paris après la Révolution.

Devenue un lieu de pèlerinage et l'un des sanctuaires les plus vénérés de la capitale, elle fut démolie vers la fin du second Empire. Mais par une faveur insigne, obtenue par M. Maignen, une partie des pierres consacrées par le sang des martyrs fut donnée au Cercle Montparnasse et servit à construire la nouvelle chapelle de l'Œuvre inaugurée en 1874.

Ainsi, le sang des martyrs est devenu encore une fois la semence féconde qui germe en fruits de salut pour de nouvelles générations chrétiennes.

Bientôt, l'Œuvre de la Sainte-Enfance s'établissait au Patronage (17 octobre 1846) à la suite d'un récit de missionnaire. L'avenir semblait meilleur à M. Myionnet. Il n'était plus seul dans la maison de la rue du Regard ; M. Le Prévost, surmontant tous les obstacles, était venu se réunir à lui le 1er mai 1845 ; obligé plusieurs fois de s'éloigner de Paris à cause de sa santé et de la mort de sa mère, il revenait enfin le 3 octobre 1846 avec M. Maignen, qui, rompant, lui aussi, les liens qui le retenaient dans le monde, donnait désormais aux Œuvres tous les instants de sa vie.

C'était un grand encouragement pour M. Myionnet, une espérance pour tous de se trouver ainsi rassemblés. L'attente avait été patiente et longue. M. Maignen en a décrit, en quelques lignes, toute l'amertume :

« L'année 1845 et une partie de 1846 se passèrent ainsi, sauf l'habitation commune. tous trois nous vivions unis par les mêmes prières et les mêmes travaux. M. Myionnet, seul dans sa maison de la rue du Regard. semblait établi pour la garder en nous attendant. Sa confiance dans l'avenir n'était pas ébranlée. Il acceptait cette épreuve d'un isolement qui semblait indéfini avec ce courage doux et tranquille qui lui était propre. Cependant le temps s'écoulait. Son évêque l'avait laissé venir avec peine à Paris et il aurait préféré que l'œuvre prît racine sur son diocèse. M. Myionnet avait répondu à l'appel de ceux qui lui promettaient à Paris des compagnons tout prêts à s'unir à lui, et tous sans exception s'étaient dispersés au moment d'agir. Depuis plus d'une année, il se trouvait en rapports avec les membres les plus dévoués de la Société de Saint-Vincent de Paul et au centre de ses œuvres les plus florissantes. Aucun d'eux n'avait témoigné la moindre velléité de venir le rejoindre, toutes les vocations qui surgissaient du sein des Conférences se dirigeaient vers les grands Ordres renaissants et les séminaires. Personne n'avait l'air de s'apercevoir qu'il y eût dans ces œuvres assez d'importance pour nécessiter un apostolat particulier et nouveau.

« La situation véritable de la Société était inconnue. Les progrès du socialisme n'étaient pas soupçonnés. M. Guizot disait hautement à la tribune française à cette époque : « Les améliorations « de la condition des ouvriers tentées en Angleterre ne sont pas « nécessaires chez nous ». Et les bons catholiques, dans les œuvres que leur piété leur inspirait pour le soulagement ou l'amélioration des ouvriers et des pauvres, ne se doutaient pas qu'ils travaillaient à la solution des problèmes qui allaient bouleverser le monde. La pauvre petite maison de la rue du Regard qui portait en elle les germes des institutions les plus nécessaires, embrassant toutes les misères du peuple depuis son enfance jusqu'à sa vieillesse, était totalement dédaignée ou oubliée des catholiques les plus intelligents et les plus généreux! »

La réunion des trois premiers Frères de Saint-Vincent de Paul n'éveilla pas plus l'attention du monde que l'installation à la rue du Regard, du seul M. Myionnet, mais elle leur permit d'accorder plus de temps à l'une des formes les plus essentielles du Patronage, la visite des ateliers. M. Le Prévost, à qui la marche était difficile, n'y put consacrer autant de soins que ses deux plus jeunes compagnons; mais M. Myionnet et M. Maignen passaient des journées entières à parcourir les quartiers ouvriers, pour placer et visiter leurs apprentis.

Nous allons entendre un de ces derniers nous retracer de mémoire l'une de ces visites tant de fois répétées en un même jour et pendant tant d'années :

« Je vois encore M. Myionnet et M. Maignen entrant dans l'atelier où je travaillais du marteau ou de la lime; ils arrivaient à l'improviste chez le patron et le questionnaient sur les notes du livret : *conduite, travail, politesse,* etc. — Êtes-vous content de votre apprenti, demandait M. Maignen à mon patron? — Que fait-il le soir après la journée? — Et le travail, comment cela va-t-il?

« — Allons, disait M. Myionnet, je suis rassuré sur les notes du livret pour dimanche ».

« Vous pensez si j'étais content d'entendre tout cela pendant cette visite. Je travaillais avec ardeur sans lever le nez de dessus mon ouvrage, essayant de faire voir que je savais bien m'y prendre ».

On conçoit quelle influence ces visites, régulièrement faites, exerçaient sur les apprentis. Quel bien pouvaient faire aux patrons les rapports suivis qu'ils devaient entretenir avec les membres de la Société de Saint-Vincent de Paul ou les directeurs du Patronage! C'était un véritable apostolat à domicile.

Ces relations continuelles avec le monde ouvrier donnaient en même temps à MM. Myionnet et Maignen une plus parfaite connaissance des besoins moraux et matériels de l'apprenti. La situation de l'enfance ouvrière était particulièrement douloureuse à cette époque. Voici ce qu'écrivait à ce sujet M. Maignen, quelques semaines avant sa mort :

« Les messieurs, ecclésiastiques et laïques qui discutent aujourd'hui la question de savoir si, oui ou non, les pouvoirs publics ont le droit d'intervenir dans l'organisation ou la désorganisation du travail, en parlent bien à leur aise. Mais si, en 1845, ils s'étaient trouvés dans la situation de M. Le Prévost, de M. Myionnet et de moi, établissant le Patronage de la rue du Regard pour soulager le pauvre apprenti opprimé par le patron dont il était absolument l'esclave, l'idée d'abandonner l'enfant du peuple à cette horrible situation, sous prétexte du danger de l'intervention de l'État, ne leur serait jamais venue. Il faut l'avoir vu pour se figurer l'état des ateliers, des ouvriers, des apprentis, du repos du dimanche, etc., etc., à la veille de la révolution de 1848! Tout avait été détruit au ras du sol depuis la suppression des corporations...

« Le premier *acte d'humanité* envers les apprentis martyrs (ce n'est pas trop dire) fut un décret du prince-président rendu en 1849 pour ordonner *aux commissaires de police* de faire des procès-verbaux aux patrons sur les abus épouvantables auxquels la liberté illimitée du travail, l'absence de toute loi protectrice leur donnait droit! »

Le fait le plus saillant de l'année 1847 fut la tentative de divertissements organisés pour la première fois rue du Regard, à l'occasion des jours gras. A la séance de la *Petite Commission* (conseil de direction) tenue le 28 janvier 1847, M. Myionnet, qui présidait la réunion, engagea ses confrères à examiner les moyens d'intéresser les enfants et de les retenir au Patronage pendant les jours gras.

« M. Le Prévost propose, dit le procès-verbal, de faire jouer aux enfants de petites charades en action. Cette idée est accueillie, et les mesures seront prises pour en assurer l'exécution. »

Le dimanche gras, 14 février 1847, le repas ordinaire fut un peu plus abondamment servi et la soirée se termina par une allocution de M. Augustin Cochin, alors tout jeune membre de la Société de Saint-Vincent de Paul. Le mardi gras, il y eut charades et loteries. Nous avons déjà vu combien, à cette époque, les travestissements étaient simples et les décors peu compliqués.

Peut-être la préparation n'avait-elle pas été suffisante, ou les apprentis plus hardis, en un tel jour, dépassèrent-ils un peu les bornes de la gaieté permise: toujours est-il que ces amusements ne plurent pas à M. Le Prévost. Nous lisons au procès-verbal de la séance de la *Petite Commission* (18 février 1847) : « M. Le Prévost désirerait que la charade représentée le mardi gras ne se renouvelât pas les années suivantes à la même époque. Il lui semble regrettable que les travestissements nécessités par cette représentation viennent coïncider avec ceux, d'une autre nature. qui affligent alors tous les chrétiens. »

L'année suivante, la Révolution de février 1848, rendit facile l'accomplissement du désir de M. Le Prévost. Les jours gras de 1849, 1850 et 1851, se passèrent à la maison de la rue de la Roquette, où les enfants de la rue du Regard fraternisèrent avec leurs camarades de la rive droite. C'est seulement en 1852 qu'une charade en action fut jouée de nouveau au Patronage le soir du mardi gras. Il est vrai que l'assistance de personnages éminents devait imposer plus de retenue aux apprentis. MM. les abbés Ruel et de Girardin et M. le comte Joseph de La Bouillerie étaient au premier rang de l'auditoire.

Cette circonstance explique assez le sens des observations de M. Le Prévost. Il n'était pas opposé, par principe, à ces inoffensifs divertissements de carnaval, puisque lui-même en avait fait la proposition, mais l'exécution l'avait choqué et l'impression fut assez forte sur lui et sur ses confrères pour que la résolution prise fût maintenue pendant quatre ans. S'il ne faut pas, en effet, refuser aux jeunes gens les distractions permises, il faut prendre garde que la plaisanterie ne dégénère en farce vulgaire et grotesque.

M. Le Prévost ne le pouvait souffrir, M. Maignen travailla toujours à maintenir l'ouvrier, dans ses divertissements comme en toutes choses, à un niveau élevé. Il y a une délicatesse et une distinction qui n'est nullement incompatible avec la virilité rude de l'homme de travail.

M. Maignen en voulait faire le signe distinctif de l'ouvrier chrétien. Il ne pouvait souffrir, entre les membres des Œuvres catholiques, ces vulgarités d'allures ou de langage qui, si elles n'offensent pas Dieu, sont au moins un manque de respect envers soi-même, envers ses frères, envers l'association chrétienne dont on est membre.

Il faut qu'en entrant dans la maison d'Œuvres qui est la sienne, l'apprenti, le jeune ouvrier, se sentent dans une atmosphère de respect en même temps que de libre et franche gaieté. Tout doit y élever l'âme au-dessus du matérialisme grossier de ce siècle et des miasmes pestilentiels de la rue, du cabaret ou de l'atelier. Il sera plus facile ainsi d'éviter certaines libertés de paroles et d'allures que si l'on prétendait seulement se tenir sur la limite de ce qui est défendu sous peine de péché.

L'un des caractères les plus saillants des Œuvres de nos premiers directeurs, c'est précisément ce cachet de distinction qu'ils leur ont donné. C'est une des raisons pour lesquelles ils attachaient tant de prix à la présence dans nos Œuvres d'hommes et de jeunes gens des plus hautes classes de la société. Leur fréquentation, leur seul aspect, inspiraient aux patronnés plus de réserve que tous les avertissements et tous les conseils.

Nous en saisissons sur le vif toute la raison d'être dans cette anecdote des charades en action de 1847 et de 1852.

Le 15 août 1847, la maison de la rue du Regard fut honorée de la visite de Mgr Pavy, évêque d'Alger, qui daigna bénir et encourager ce petit monde d'apprentis. Le Patronage de la rue de la Roquette avait envoyé une députation. Deux petits discours furent adressés à Sa Grandeur par deux enfants appartenant aux deux maisons. Monseigneur y répondit avec une grâce charmante. Le lendemain, il confirma quelques-uns des apprentis de la maison de la rue du Regard.

Le dévouement des prêtres de Saint-Lazare, qui se consacraient à l'Œuvre avec un zèle persévérant, demandait depuis longtemps de la part des patronnés un témoignage de reconnaissance. Le jour de l'Épiphanie, après la messe, les apprentis se rendirent en grand nombre à la maison de Saint-Lazare, accompagnés de plusieurs membres de la Société. MM. Rousseau et Stanowitsch, Lazaristes, présentèrent les enfants à M. Étienne, supérieur général, qui les reçut avec bonté et répondit avec émotion au compliment que lui adressa l'un des apprentis.

Après avoir renouvelé la promesse de continuer à l'Œuvre le concours de ses prêtres, et après avoir exprimé toute sa sympathie personnelle pour l'Institution, le vénéré Supérieur Général termina sa touchante allocution par ces paroles : « Jamais je n'ai ressenti une plus vive joie, ni apprécié autant qu'aujourd'hui la grâce que Dieu m'accorde, bien que j'en sois indigne,

de remplir la chaire de Saint-Vincent de Paul, puisqu'elle me
procure en ce jour, mes enfants, le bonheur de vous bénir tous
et avec vous l'œuvre si utile et si belle du Patronage ».

A la fin de l'année 1847, M. Myionnet proposa à la *Commission administrative* de la rue du Regard, l'institution de
séances trimestrielles de récompenses aux apprentis, organisées
avec la plus grande solennité possible.

Avec cette institution commence la seconde période de l'histoire du Patronage.

La première de ces distributions eut lieu le dimanche 20 février 1848, en présence d'un assez grand nombre de confrères et
d'ecclésiastiques réunis sous la présidence de Mgr Gabet, évêque
de Troade. L'exhortation du respectable prélat fut suivie d'un
compte rendu des analyses religieuses qui commençaient à devenir
nombreuses et remarquables, de l'exposé de la caisse d'épargne
qui était florissante, de la Petite Conférence de charité des apprentis et de la lecture des livrets et mentions honorables. Puis
vint la distribution des récompenses, véritable surprise pour les
patronnés qui ne s'attendaient qu'à une simple lecture de leurs
notes. Leur satisfaction extrême avait donné aux directeurs de
grandes espérances et ils pensaient déjà avoir résolu le problème
si difficile de la persévérance des jeunes gens, lorsque les graves
événements de la Révolution, qui avaient succédé de près à cette
fête, vinrent bouleverser toutes les combinaisons. Au milieu de
cet orage qui pouvait tout engloutir, le Patronage de la rue du
Regard fut le seul qui n'hésitat pas à ouvrir ses portes. L'épreuve, il est vrai, était décisive. On pouvait redouter de nombreuses défections et l'esprit d'insubordination chez ces jeunes
têtes qui n'avaient pu rester froides au milieu de la conflagration générale.

Il n'en fut rien. Les apprentis vinrent tous, ne doutant pas
que dans l'ère républicaine, la maison du Patronage de Saint-Vincent de Paul devait leur être aussi largement ouverte qu'en
d'autres temps. Ils vinrent aussi nombreux qu'à l'ordinaire, plus
joyeux que jamais, aussi dociles et aussi respectueux qu'auparavant.

Toutefois des bruits sinistres avaient circulé au sujet du fourneau économique de la rue du Regard ; on parlait d'armes cachées et le Gouvernement pour pouvoir démentir ces bruits envoya une commission faire une enquête, qui ne trouva qu'une batterie de casseroles, des cuillères monstrueuses, des sacs de légumes, des écuelles de terre, un réfectoire où le crucifix et l'image de la sainte Vierge rappelaient la présence de Dieu.

Si ces journées néfastes prouvèrent la vitalité de l'Œuvre, on ne devait pourtant pas rester sans ressentir le contre-coup de la Révolution de 1848.

La crise industrielle, qui était déjà si grande avant ces événements, devint générale, et le travail cessa dans la plupart des ateliers. Cet état de choses amena le renvoi successif d'un grand nombre des enfants du Patronage, qui se virent obligés d'aller s'enrôler dans les ateliers nationaux, où ils se trouvaient en contact avec des hommes dont quelques-uns avaient un langage et des habitudes du plus funeste exemple.

De pauvres parents vinrent alors demander aux Directeurs du Patronage, les larmes aux yeux, de garder leurs enfants pendant la semaine, leur offrant l'abandon de leur modique salaire et espérant par ce sacrifice les préserver de tous ces dangers.

On résolut donc, à la maison de la rue du Regard, de réunir les enfants tous les jours, pendant le temps que dura la crise, et de leur faire suivre des cours utiles, afin de les arracher par là au désœuvrement qui les perdait.

« Le Gouvernement, écrit M. Myionnet, avait créé des ateliers nationaux : nous eûmes la pensée de faire, nous aussi, un atelier national dans notre Patronage ».

Le premier travail confié aux apprentis fut de la moutarde blanche à trier, travail peu lucratif, mais facile, qui occupait les enfants et leur faisait gagner quelques sous.

« C'est ainsi, dit M. Myionnet, que nous passâmes les quelques mois qui suivirent la Révolution de février, jusqu'à celle de juin, bien plus terrible.

Comme l'année précédente, on avait déjà, pour la première fois, essayé de procurer aux apprentis le bienfait d'une *retraite préparatoire à la fête pascale*. On jugea qu'il serait cette année plus facile encore et, vu les circonstances, plus utile que jamais de leur donner cette retraite. Dans la salle des exercices, transformée en chapelle, plus de soixante enfants de la maison de la rue du Regard furent présents chaque soir. Les enfants de l'OEuvre des hôpitaux s'étaient joints à eux pour prendre part aux mêmes exercices. Cette retraite, prêchée par M. l'abbé de Ségur, ancien membre de la conférence des Missions, fut Couronnée par une communion générale à l'église Saint-Sulpice.

Ces cours d'instructions religieuses et de retraite aux apprentis qu'on avait hésité d'abord à essayer dans les autres patronages furent adoptés partout, après le succès de cette épreuve.

Quelques membres dévoués de Saint-Vincent de Paul crurent même cette œuvre applicable aux ouvriers.

La même année 1848, ils ouvrirent à cet effet des cours d'instruction religieuse aux Carmes, dans la chapelle des Martyrs et au Séminaire du Saint-Esprit, où le Vénérable Père Liebermann se prêta tout entier à leur développement.

C'est durant cette période qu'eut lieu, le 28 mai, la seconde distribution des récompenses trimestrielles.

Elle fut présidée par un délégué du ministère de l'Instruction publique du nouveau Gouvernement, qui témoigna le plus vif intérêt à l'œuvre et promit son appui. M. l'abbé Le Dreuille, le célèbre conférencier populaire, prononça un discours. Cette fête eut, comme la première, un grand éclat.

Mais bientôt, la révolution éclata de nouveau, plus sanglante et plus terrible. Le 26 juin, M. Maignen qui rédigeait dès lors le cahier-journal du Patronage, écrit seulement ces mots :

« 26 juin, pas de Patronage, — quinzaine d'enfants venus et renvoyés. — (Insurrection à Paris.) Enfants sympathisent avec les insurgés. »

Les apprentis de la rue du Regard n'étaient pas, on le voit, prémunis contre l'illusion qui fait croire à tant d'ouvriers que le parti révolutionnaire combat pour l'intérêt du peuple. Cependant, dès le dimanche suivant, M. Maignen écrit :

« Bon esprit général relativement à l'insurrection, — pas de mobiles blessés, — un enfant prisonnier. »

Plusieurs apprentis de la rue du Regard s'étaient engagés dans la garde mobile formée par Lamoricière pour combattre l'insurrection et lui enlever en même temps de trop faciles recrues. M. E. Nicolas a conservé sur cette époque d'intéressants souvenirs.

« Lorsqu'on forma la garde mobile de 1848, écrit-il, il y eut beaucoup d'enthousiasme parmi les apprentis de la rue du Regard, et comme on recevait les engagements à quinze ans, un grand nombre d'apprentis, dont une partie étaient sans ouvrage, s'engagèrent dans la garde mobile.

« Je me souviens aussi que les képis étaient à la mode. Tout le monde en était coiffé. Mon ami Pecquard, un ancien aussi, vint un jour au jardin des Plantes où le Patronage prenait ses ébats, nous rejoindre, tout heureux de se faire voir habillé à neuf en garde mobile.

« M. Maignen avait composé, en 1847, le premier chant du Patronage; il y en a eu plusieurs depuis cette époque, je ne sais s'il se trouve dans le recueil. Voici le refrain :

> « Bon saint Vincent, Marie, ô notre mère,
>   Priez pour nous,
> Nous bénirons jusqu'à l'heure dernière
>   Vos noms si doux. »

« Il y avait entre autres un couplet patriotique qui eut son succès en 1848 :

> « Puis, si jamais sur la terre d'Afrique
> Les apprentis se retrouvaient soldats,
> Se dévouant pour la gloire publique
> Au champ d'honneur ils ne failliront pas. »

Cette année 1848, est une des plus fécondes de l'histoire des Œuvres de M. Le Prévost.

Le 4 mars, avait eu lieu la bénédiction de l'asile de vieillards, établi alors rue Notre-Dame-des-Champs et transféré en 1856 à la maison de Nazareth.

Le 9 juillet était fondé le patronage de Grenelle dont M. Maignen prit la direction.

Enfin, vers la fin de l'année, un fourneau économique était établi dans la maison de la rue du Regard.

Avec l'OEuvre des ramoneurs dont elle était devenue le siège depuis un an et que dirigeaient MM. Fiau et Keller, la maison de la rue du Regard devenait le centre et le foyer de tout un ensemble d'institutions charitables.

L'agitation causée par la révolution, les fêtes continuelles, avec revues et cortèges organisées par la seconde République, faisaient craindre au Directeur du Patronage et à ses confrères de nombreuses désertions.

Comment attirer et retenir à la maison pendant la journée du dimanche ces enfants de Paris, si amoureux de liberté et si curieux des spectacles nouveaux que leur donnait une ville en armes, sillonnée sans cesse par les manifestations populaires?

On multiplia donc les fêtes au Patronage. Les distributions trimestrielles des récompenses furent faites avec le programme le plus attrayant. Le 15 octobre 1848, c'était Mgr l'évêque de Quimper, représentant du peuple, qui présidait; le 4 février 1849, c'était Frédéric Ozanam. A ces réunions, les enfants récitaient avec entrain et naturel de petits dialogues. Les discours succédaient à d'excellents morceaux de musique. Les parents et les patrons des enfants appréciaient beaucoup ce genre de distractions.

« Ces succès, raconte M. Maignen, nous consolaient un peu de la froideur spirituelle qui existait dans l'OEuvre.

« Ces fêtes, toujours assez tumultueuses, ne rendaient pas les enfants beaucoup plus assidus, exaltaient leur imagination et leur inspiraient trop souvent le goût du théâtre.

« L'amour-propre devint l'esprit dominant de la maison; on était constamment dans l'attente de la distribution prochaine, des applaudissements de la foule et de la magique solennité des récompenses.

« La discipline extérieure était assez bien gardée, mais l'esprit d'indépendance et d'insoumission était au fond des cœurs.

« On aurait pu s'y tromper, au premier abord; l'homme d'expérience le devinait facilement, à l'absence complète de cette vertu sans laquelle tous les efforts du zèle sur la jeunesse doivent demeurer stériles : la simplicité. »

Ces lignes furent écrites en 1858, dans le rapport que M. Maignen présenta au premier Congrès des Directeurs d'Œuvres ouvrières, qui se tint à Angers. La pensée qu'elles expriment se retrouvera bien souvent sous sa plume et l'expérience d'une longue vie consacrée aux jeunes ouvriers ne fera qu'affermir en lui ce sentiment. Simplicité et distinction, tels devraient être toujours les traits dominants des Œuvres chrétiennes. L'amour-propre, l'orgueil sont une source de difficultés continuelles dans les Œuvres et une cause de stérilité.

Il faut donc les combattre sans relâche et veiller à ce que le dévouement et le zèle ne soient jamais faussés par de ridicules ambitions et des visées personnelles.

Ce qui se passa à la rue du Regard, à propos des Petites Conférences de Saint-Vincent de Paul, montre combien le défaut de simplicité et d'esprit chrétien dans une œuvre peut gâter les meilleures choses.

« De 1849 à 1851, continue M. Maignen dans le rapport déjà cité, nous convertîmes la maison de Patronage en petite Société de Saint-Vincent de Paul.

« Au lieu d'une seule Petite Conférence pour la visite des pauvres, nous en établîmes quatre, ayant chacune leur président, leur caisse, leurs familles et leurs séances particulières. Les deux tiers environ des enfants en faisaient partie. Les quatre Conférences étaient gouvernées par un conseil et avaient, de temps en temps, des assemblées générales. »

On se félicita d'abord de l'élan des apprentis pour la visite des pauvres et les œuvres de charité. Les enfants s'en allaient à la Conférence Saint-Sulpice, à celle de Saint-Médard, proposer des billets de loterie pour leurs pauvres. On se levait à leur entrée pour honorer en eux la charité pratiquée par les pauvres eux-mêmes. On prenait des billets en grand nombre. Les élèves de l'École polytechnique, qui faisaient partie de la Conférence Saint-Médard, venaient le dimanche à la rue du Regard accompagner les apprentis chez les pauvres qu'ils visitaient.

Mais, peu à peu, l'amour-propre s'en mêla. Un confrère racontait qu'un jour de fête au Patronage, la réunion de la Conférence n'ayant pu avoir lieu, un apprenti réclama ses bons avec insistance menaçant de donner sa démission du Patronage si l'on faisait attendre les pauvres. Le bon confrère fit droit à sa demande et s'empressa, malgré une pluie torrentielle, d'accompagner l'enfant chez la famille qu'il visitait, tout édifié de tant de zèle.

Il nous semble que ce petit trait peint bien l'esprit dont M. Maignen se plaignait dans son rapport. La vraie charité est d'ordinaire plus humble et moins tapageuse.

« L'habitude des délibérations et des votes, continue le rapport, inspira aux apprentis un certain goût d'indépendance qui se faisait souvent sentir d'une façon assez fâcheuse dans le Patronage: si la piété eût animé ces jeunes cœurs, elle leur eût inspiré, avec une charité plus durable, l'humilité qui la règle et la fortifie. »

Il fallut renoncer au système de Patronage par les Petites Conférences, à peine put-on en conserver une seule sans inconvénient, jusqu'à ce que l'esprit de piété s'étant développé comme nous le verrons plus loin, il fut possible de donner à chaque section du Patronage sa Conférence de Saint-Vincent de Paul.

Cette période de la vie du Patronage que l'on a appelée celle des Petites Conférences, constitue la troisième époque de son histoire.

Elle fut marquée par un événement digne d'être regardé comme l'un des plus beaux titres de gloire du Patronage de Saint-Vincent de Paul et des apprentis chrétiens.

Le 21 janvier 1849, la première Petite Conférence de la rue du Regard, présidée alors par M. Manuel, jeune avocat, devenu depuis Frère Prêcheur, reçut la visite de Frédéric Ozanam, qui lui annonça que la Petite Conférence de la maison de la rue de la Roquette avait décidé d'envoyer une offrande au Saint-Père alors réfugié à Gaëte. La proposition fut accueillie avec enthousiasme et l'on vota, séance tenante, trente francs, pour le Pape en exil.

Le dimanche 4 février suivant, au sortir de la distribution des récompenses que venait de présider Ozanam et pendant laquelle une quête faite pour le Saint-Père, parmi les apprentis, avait ajouté douze francs aux trente francs votés par la Conférence, on se rendit en corps à l'Archevêché, situé alors près de Notre-Dame.

Les cinq maisons du Patronage de la Société de Saint-Vincent de Paul s'y étaient donné rendez-vous : c'étaient celles de la rue du Regard, de la rue de la Roquette, de la rue des Deux-Ports de Chaillot, de Grenelle et de Montmartre.

En approchant de l'Archevêché vers lequel elles convergeaient avec une exactitude militaire, les colonnes d'enfants se saluèrent de loin et s'acclamèrent réciproquement dans la rue, au grand ébahissement des passants. Les rapports étaient fréquents à cette époque, entre les enfants des divers Patronages. On s'était réuni pour la fête de Saint-Vincent de Paul à la maison de la rue du Regard et un repas commun avait été servi à tous les patronnés, sous le titre, conforme au goût du jour, de dîner de la fraternité. De là cette joie expansive quand on se retrouvait n'importe où.

Quand tout le monde fut réuni dans la cour d'honneur du palais épiscopal, Mgr Sibour, archevêque de Paris vint au milieu du cercle attentif.

Les enfants de la rue de la Roquette lui remirent une somme de cent francs, produit de la collecte entre tous les Patronages pour venir en aide à Pie IX, chassé de Rome par la Révolution.

Profondément émue de cette offrande des pauvres petits apprentis, Sa Grandeur leur adressa les plus touchantes paroles. Quand elle eut bénit l'assistance, les enfants, bien vite relevés, rompirent leurs rangs, malgré les efforts impuissants des confrères et s'empressèrent autour de l'archevêque avec une familiarité respectueuse qui toucha vivement le cœur du prélat.

Cette scène a laissé un profond souvenir dans le cœur de ceux qui en furent témoins; on était au lendemain du jour où un archevêque de Paris était mort sur les barricades pour arrêter l'effusion du sang, et cette première entrevue du nouvel archevêque avec la jeunesse ouvrière de la capitale avait un caractère saisissant de simplicité et de grandeur.

Quelle ne fut pas l'émotion du grand Pape, en recevant, au milieu des amertumes de la persécution et de l'exil, ce témoignage de la foi des apprentis. Pie IX avait consacré aux enfants du peuple les prémices de sa jeunesse sacerdotale, il envoya de Gaëte, au Président général du Patronage de Saint-Vincent de Paul, un Bref, qui restera l'un des plus précieux souvenirs de l'histoire de nos Œuvres.

BREF

DE N. S. P. LE PAPE PIE IX, ADRESSÉ A M. BOURLEZ,

Président de l'Œuvre du Patronage de la Société de Saint-Vincent de Paul.

Pius P. P. IX.

Dilecte fili, salutem et apostolicam Benedictionem.

Litteris die vigesimo octavo maji proximi ad Nos datis exemplar adjunctum invenimus relationis status de pio Opere quod istic sub Patrocinio Sancti Vincentii a Paulo, in proximorum, præcipue vero in adolescentium bonum ac utilitatem est institutum. Quod profecto meritis ut par est laudibus Nos prosequentes, Tibi, dilecte fili, atque aliis omnibus egregiam quam illi navatis operam majorem in modum gratulamur. At vero nullis exprimere verbis possumus perceptam a Nobis animo jucunditatem ob filiale studium parvulorum vestrorum, qui vix auditis gravissimæ tribulationis nostræ nuntiis, necessitatum suarum immemores de ipsa sua penuriâ dare, et munus Nobis offerri illico statuerunt.

Amorem amamus horum parvulorum, atque illos paternæ Nostræ caritatis affectu vere præcipuo complectimur. Dignetur benignissimus Dominus tantam hanc eorum alacritatem ac studium uberi cælestium suorum munerum copia rependere; quorum auspicem, Nostræque ejusdem caritatis pignus Apostolicam benedictionem, Tibi, dilecte Fili sociis tuis omnibus, ac Nobis vobisque carissimis parvulis universis intimo paterni cordis affectu amanter impertimur.

Datum Cajetæ, die 18 junii anno 1849, Pontificatus Nostri anno IV.

PIUS P. P. IX.

TRADUCTION.

Pie IX, Souverain Pontife.

Cher fils, salut et Bénédiction apostolique.

Nous avons reçu, avec la lettre que vous Nous avez adressée le 28 mai dernier, votre rapport sur l'édifiante Œuvre du Patronage de Saint-Vincent de Paul, fondée en faveur de la jeunesse. Nous trouvons cette œuvre méritoire et digne d'éloges, et Nous vous félicitons sincèrement, cher fils, ainsi que tous vos confrères, des soins dévoués que vous lui donnez. Mais ce qui Nous réjouit surtout le cœur et surpasse toute expression, c'est l'empressement filial de vos apprentis qui, à la première nouvelle des cruelles douleurs que Nous avons éprouvées, ont oublié leurs propres besoins, et ont voulu prendre sur leur pauvreté pour Nous faire un don.

Nous sommes touché de l'affection de ces petits enfants, et Nous les renfermons tous dans les tendresses de Notre cœur paternel. Puisse le Seigneur répandre sur eux ses plus abondantes bénédictions, et les récompenser de leur admirable générosité !

Pour appeler sur vous et sur vos patronnés les grâces célestes et vous donner un gage de Notre affection, Nous vous donnons, cher fils, du plus profond de Notre cœur, Notre bénédiction apostolique, ainsi qu'à tous vos confrères et à tous vos apprentis qui ne Nous sont pas moins chers qu'à vous.

Donné à Gaëte le 18 juin 1849, la 4e année de Notre Pontificat.

PIE IX, Souverain Pontife.

CHAPITRE QUATRIÈME

C'est à la même année 1849 qu'il faut faire remonter les premières tentatives pour grouper les jeunes ouvriers ayant terminé
leur apprentissage. Dès les premiers temps du Patronage, on
s'était préoccupé des moyens d'assurer la persévérance des anciens apprentis. A la séance de la *Petite Commission*, en date du
10 décembre 1846, M. Maignen « appelle l'attention des confrères
sur la nécessité d'occuper d'une manière qui les attache plus
fortement à l'œuvre les plus âgés de nos apprentis qui, depuis
quelque temps, paraissent ne plus goûter autant les exercices du
Patronage. La nécessité d'intéresser nos grands enfants est géné-
ralement constatée. M. Myionnet invite l'assemblée à porter de ce
côté une attention particulière. »

Plusieurs fois, M. Maignen revient à la charge; il répète avec
regret que les enfants semblent persuadés qu'ils doivent quitter
le Patronage sitôt leur apprentissage terminé. Pendant quelques
années encore, rien ne fut tenté en ce sens.

Enfin, le 5 août 1849, le jour même où le Bref de Pie IX fut
communiqué aux enfants de la rue du Regard, en présence de
M. Bourlez, président du Patronage, de MM. les abbés de Ségur,
Le Dreuille et Icard, venus pour la distribution des récompenses,
nous lisons au procès-verbal de la réunion :

« Les anciens apprentis qui viennent de terminer leur apprentissage assistent à la distribution et se réunissent pour s'entendre

sur la pensée d'établir entre les jeunes ouvriers de Saint-Vincent de Paul une société de secours mutuels. Cette pensée, suggérée par Tavernier, trésorier de la première Conférence et qui vient de terminer son apprentissage, sera discutée, un règlement sera dressé et proposé. — Rendez-vous à 2 heures, dimanche prochain, à la maison de Patronage. »

On le voit, il ne s'agit encore que d'une sorte de réunion d'anciens élèves, n'étant plus membres actifs de l'OEuvre, mais c'est un grand progrès sur l'état précédent.

Le dimanche suivant la réunion des anciens apprentis eut lieu sous la présidence de M. Manuel. On se borna à discuter un projet de règlement.

Le 2 septembre 1849, le règlement fut définitivement adopté, en présence de MM. Manuel et Laplagne-Barris, présidents des deux Petites Conférences, et une lettre adressée au Conseil de Paris pour en demander l'approbation. Le dimanche suivant, le Conseil de Paris faisait savoir aux *anciens patronnés* qu'il avait « parfaitement accueilli leur demande » et se montrait « disposé à seconder leurs intentions ».

C'est le dimanche 30 septembre 1849 qu'eut lieu la séance d'inauguration de la nouvelle association. Elle était présidée par M. d'Arbel, qui avait accepté de diriger l'OEuvre, assisté de cinq autres membres de la Société de Saint-Vincent de Paul.

Cette tentative n'eut pas de durée. Ce fut seulement le 3 mars 1850, que les anciens apprentis commencèrent à tenir régulièrement, le dimanche soir, ces réunions que l'on appelait, dans la Société de Saint-Vincent de Paul, *l'OEuvre des gâteaux*.

Voici en quels termes M. Maignen, qui devait donner plus tard à cette OEuvre sa forme définitive, en racontait les débuts en 1858 :

« On traita ces grands enfants comme des homme faits. On les constitua en société de secours mutuel et on voulut leur faire payer une cotisation de cinquante centimes par mois pour leur procurer les médicaments et les visites du médecin, dans la prévision de maladies qu'on ne craint guère à dix-huit ans.

On vota d'abord le règlement avec acclamations, mais quand il s'agit de payer la cotisation, nos hommes graves disparurent et préférèrent un autre emploi à leurs petits capitaux.

« On sentait toujours le besoin de réunir les jeunes gens, mais par quels moyens? On n'en savait absolument rien. On cherchait des renseignements qui ne se trouvaient nulle part. Enfin, on découvrit qu'une Œuvre de jeunes ouvriers fonctionnait à Paris même, au fond d'un quartier peu réputé pour l'éclat de ses vertus : le *Gros-Caillou*. Quarante jeunes gens se réunissaient tous les dimanches soir, dans le modeste appartement du Directeur de l'Œuvre de Saint-Jean.

« Leur tenue était excellente, ils étaient polis, empressés pour leurs visiteurs et tout à fait passionnés pour leur Œuvre.

« Quel était le secret merveilleux de cette Œuvre? On la visita, on prit des informations minutieuses, on n'y trouva ni règlement, ni cotisations, ni secours d'aucune sorte, rien que des jeux de cartes et de dominos, une tasse de thé et un petit gâteau. Toute l'organisation de l'Œuvre était là et rien autre chose sinon le dévouement tout maternel de l'excellent Directeur, âme de ces réunions par sa tendre affection et l'esprit de famille qu'il avait inspiré à ces braves jeunes gens.

« On adopta immédiatement, rue du Regard, la tasse de thé, les jeux et les gâteaux. Mais où trouver le saint Directeur? Heureusement, Mgr de Ségur, qui était ce qu'il est encore aujourd'hui, l'apôtre par excellence des apprentis et des jeunes ouvriers, saisit avec joie cette occasion de faire quelque chose de plus pour le salut de ces enfants. Il se dévoua à cette Œuvre où il passait régulièrement toutes les soirées du dimanche.

« Si vous avez visité la maison de la rue du Regard, on a dû vous faire gravir un petit escalier qui conduit sous les combles; là, sur un corridor obscur, s'ouvre une porte donnant dans une grande salle encore fraîchement décorée d'un papier grenat. Les boiseries peintes en gris accusent une certaine prétention à l'élégance. C'est le salon où les premiers gâteaux de l'Œuvre des jeunes ouvriers ont été offerts et facilement acceptés. C'est là que l'auteur des *Réponses* a fait ses premiers essais de prédication populaire. Aucun de ceux qui fréquentaient ces charmantes soirées n'a perdu le souvenir des touchantes histoires et des délicieux entretiens qu'il adressait à son jeune auditoire.

« Hélas! Mgr de Ségur fut appelé à un poste éminent. L'œuvre perdait son âme.

« Combien les apprentis le pleurèrent, ce père du gamin, dont les salons, les livres, la bourse et les bonbons étaient livrés à la discrétion de ses enfants!...

« Le thé et les gâteaux de la rue du Regard perdirent leur attrait. Les jeunes gens s'éloignèrent pour la plupart.

« Quelques confrères soutinrent néanmoins ces réunions par leur dévouement persévérant; elles comptaient encore une douzaine de jeunes gens au commencement de 1854. »

Ce que ne dit pas ici M. Maignen, c'est que l'homme qui manquait alors à l'Œuvre, le saint Directeur qu'elle trouva plus tard, c'était lui.

L'Œuvre des gâteaux a d'ailleurs laissé à la maison de Nazareth un souvenir de son éphémère existence.

Le 14 avril 1850, Tavernier, le même qui avait eu l'initiative du groupement des anciens apprentis, proposa l'acquisition d'une statue de la sainte Vierge pour être placée dans la maison de Patronage. « Les Jeunes Ouvriers achèteront la statue, les Petites Conférences donneront le piédestal. » La proposition fut accueillie par tous.

Le jour de la fête de l'Assomption fut choisi pour la bénédiction de la statue de Marie.

« Placée sur un brancard recouvert d'étoffes voyantes, la statue fut portée par les Jeunes Ouvriers. Une bannière de saint Joseph, patron des ouvriers chrétiens, ouvrait la procession formée par tous les apprentis. L'aumônier de la maison, M. Rousseau, prêtre lazariste, accompagné de plusieurs ecclésiastiques, fermait la procession qui fit le tour de la cour en chantant les litanies de la sainte Vierge. On plaça la statue dans la niche disposée au fond du jardin, où elle fut bénite après une pieuse exhortation. »

Cette précieuse madone, seul souvenir qui nous reste de la maison de la rue du Regard, est, nous l'avons dit, conservée au Cercle Montparnasse.

En même temps que ces essais, qui devaient plus tard porter leurs fruits, étaient tentés pour retenir les jeunes ouvriers mis sous le Patronage de la Société de Saint-Vincent de Paul, quelques améliorations étaient apportées au Patronage des apprentis.

L'institution des dignitaires n'existant pas alors, M. Myionnet avait partagé les apprentis en sections. On les faisait ranger par rang de taille, puis on formait des sections de dix à douze enfants et chaque section élisait le chef chargé de la conduire.

En 1849, on augmenta un peu les pouvoirs des trois derniers chefs de section. Nous lisons au procès-verbal du 15 août de cette année :

« Nicolas, Connery et Tavernier sont nommés chefs des trois dernières divisions qui devront leur obéir comme à M. Myionnet. Ils prennent la surveillance du réfectoire et de la tenue dans la rue. Cette mesure a un plein succès. »

Les choix des chefs de division étaient bons : nous le voyons par l'exemple de Nicolas, qui recevait le 3 février 1850 le prix de persévérance. Quarante-cinq ans sont passés depuis cette date et Nicolas persévère toujours.

Quant aux élections, nous voyons par les procès-verbaux que la petite commission en annulait de temps en temps les résultats.

Le Patronage n'était pas encore mûr pour la liberté.

La maison de la rue du Regard continuait donc à progresser lentement, cherchant sa voie. Il s'y faisait du bien ; elle continuait à fournir de nouveaux essaims pour la fondation d'autres Patronages : le 16 juin 1850, un groupe d'enfants de la rue du Regard partait pour former le premier noyau du Patronage de la rue de l'Estrapade. Une vocation religieuse était venue consoler le cœur de l'aumônier. C'était l'un des premiers membres de la Petite Conférence de Saint-Vincent de Paul, qui se faisait Frère lazariste. Mais le bon Dieu voulait donner à l'œuvre une fécondité plus grande, une vie religieuse plus intense.

« Il n'y avait pas de chapelle ! s'écrie M. Maignen, dans son rapport de 1882. On ne croyait pas alors qu'il fût possible d'espérer des apprentis de Paris de plus fréquentes communions qu'aux grandes fêtes. Les résultats religieux étaient la conséquence de ces appréhensions ; on ne formait pas de chrétiens, ni même d'ouvriers, le plus grand nombre désertant l'Œuvre dès le début de l'apprentissage ».

D'ailleurs, à cette époque (1851-1852) le Patronage manquait d'une direction assez suivie et assez ferme.

Depuis la fin de décembre 1850, M. Myionnet avait été chargé par M. Le Prévost de fonder un orphelinat rue de l'Arbalète. Il ne résidait plus à la rue du Regard et y venait seulement le dimanche. D'autre part, M. Maignen, qui avait secondé M. Myionnet dès le début du Patronage, passait, depuis 1848, une partie de la journée du dimanche à Grenelle, où il était Directeur du Patronage. Nous constatons même une lacune de plusieurs mois, en 1851 et 1852, dans les procès-verbaux de la rue du Regard, qu'il avait rédigés jusqu'alors avec le plus grand soin. L'œuvre devait inévitablement souffrir de cette situation. M. Myionnet, dont la présence était indispensable à l'orphelinat, devait nécessairement être déchargé du Patronage et M. Maignen était tout indiqué pour le remplacer, laissant en d'autres mains le Patronage de Grenelle.

C'est le 16 août 1852 que M. Maignen prit la direction complète du Patronage de la rue du Regard.

Aussitôt, nous le voyons appliquer sa maxime favorite : « Pour l'apprenti et le jeune ouvrier parisien, c'est le superflu qui est le vrai nécessaire ».

Dès le 5 septembre, il annonce que les deux repas servis jusqu'alors aux apprentis le dimanche seront supprimés à l'avenir et remplacés par « une légère collation ». Cette nouvelle est « acceptée par les enfants avec plaisir », note-t-il au procès-verbal.

Le dimanche suivant, 12 septembre, premier jour de la suppression annoncée, un nouveau règlement de la journée du dimanche est promulgué, donnant plus de temps aux récréations et aux jeux. C'est aussi le jour de la première leçon de gymnastique. Ce genre d'exercice, si agréable et si utile, qui est devenu depuis l'un des grands attraits de nos maisons de Patronage, n'existait pas alors à la rue du Regard.

M. Maignen l'avait inauguré à Grenelle, il l'introduisit tout de suite à la rue du Regard, et nos apprentis se consolèrent aisément sur le trapèze ou les barres parallèles des repas supprimés.

Le 3 octobre, première leçon du cours de musique. Le 5 décembre, première fête de saint Éloi, allocution par le Père Chocarne, Dominicain. En multipliant les fêtes, en consacrant aux divertissements les économies réalisées sur la nourriture, M. Maignen espérait d'abord obtenir des apprentis plus d'assiduité et de persévérance. C'est la quatrième période de notre histoire; celle des *fêtes à outrance*.

« Suppression de la lecture publique des livrets, des fastidieux appels et des longues séances...

« Introduction de la gymnastique, augmentation des ventes, des loteries et des fêtes...

« Séparation en trois divisions, des petits, des moyens et des grands, ayant chacune leur programme, leur directeur et leur aumônier.

« Soirées avec divertissements et représentations tous les dimanches.

« Un système aussi compliqué, continue M. Maignen, n'avait pu se réaliser que grâce au zèle admirable de nos confrères et de nos aumôniers, et parmi ceux-ci, de M. l'abbé Isoard, aujourd'hui évêque d'Annecy. Trois Patronages fonctionnaient à la fois dans la même maison. Nos confrères acceptaient le fardeau d'un dimanche surchargé, de dix heures du matin à onze heures du soir, d'une multitude d'exercices et de déplacements, de surveillances et de jeux, tantôt à la rue du Regard, tantôt au jardin du Luxembourg, les diverses sections du Patronage s'y succédant tour à tour, ne laissant pas à nos héroïques confrères un seul instant de répit.

« Et après tant d'inventions, de fatigues et de sacrifices, nous étions obligés de nous avouer entre nous, confrères et directeurs :

« Les désertions ne sont guère moins nombreuses qu'auparavant.

« Enfants et jeunes gens ne fréquentent pas davantage les sacrements en dehors des grandes fêtes.

« La triple division de la direction détruit l'unité de l'œuvre, affaiblit l'autorité et favorise le mauvais esprit ».

« On sent percer dans ces lignes, dit M. de Marolles, dans sa belle *Vie de M. Maignen,* le chagrin que causait à M. Maignen cette absence de résultats. Les âmes vulgaires s'accommodent des œuvres stériles et s'en tiennent à l'idée qu'il n'y a rien de mieux à faire. Notre jeune Directeur avait trop de volonté et trop d'esprit d'initiative pour se contenter d'une pareille raison. Il souffrait de son impuissance, et cherchait avec persévérance le secret du succès.

« Dans le courant de l'année 1854, le Patronage reçut une visite qui fit sensation, celle de l'abbé Timon David, Directeur de l'Œuvre de la jeunesse ouvrière de Marseille. Il exprima très franchement son opinion. « Vous perdez votre temps, dit-il, vos « confrères se tuent pour rien. Ce ne sont pas les savantes orga- « nisations qui font les œuvres. C'est la grâce de Dieu, par la « prière et les sacrements ». Et il exposa les admirables résultats qu'il avait obtenus à Marseille, les communions fréquentes, les pratiques de la plus haute dévotion en usage chez les enfants et les jeunes gens.

« Quelque temps après. M. Agniel, le pieux disciple de M. Allemand, vint confirmer l'opinion de M. Timon David : « Vous êtes « au milieu des morts et des mourants; avec les passions de « la jeunesse, il n'y a qu'un moyen de salut. la piété ».

« La piété, voilà donc ce qui faisait défaut chez les apprentis de la rue du Regard. Mais comment imposer des pratiques de dévotion à ces enfants de Paris. froidement railleurs, vaniteux, insoumis? M. Maignen comprit qu'il n'y avait rien à tenter près des grands, et qu'il fallait commencer par les plus jeunes, par

ceux qui venaient de faire leur première communion. L'aumônier forma parmi eux une petite Congrégation de la Sainte-
Vierge, qui devint bientôt un foyer de vie, d'entrain et de véritable dévouement. Ces enfants adoptèrent avec ardeur toutes les
pratiques qu'on leur proposa ; ils se confessèrent régulièrement ;
ils communièrent d'abord une fois par mois, puis tous les dimanches ; ils firent de sensibles progrès dans la correction de leurs
défauts, et devinrent bientôt un sujet d'édification pour leurs
camarades sans rien perdre de leur simplicité, de leur franchise
et de leur ardeur dans les jeux (1). »

Ce qui ne contribua pas moins que la visite de M. Timon David
à engager définitivement le Patronage dans la voie de la piété,
ce fut la venue du « Père Hello » depuis longtemps connu à la
rue du Regard comme confrère et comme séminariste, et qui
venait enfin donner au Patronage les prémices de son sacerdoce
et les trésors d'un cœur qui ne peut pas vieillir.

L'œuvre n'avait pas encore de chapelle, mais elle avait un
prêtre, un prêtre à elle, dont tout le temps et toutes les forces
lui étaient acquis.

Dieu venait donc à son heure, éclairant les esprits sur la stérilité des moyens humains, au moment où il allait mettre à la
portée de l'œuvre les dons surnaturels de sa grâce.

Ainsi se manifeste la miséricorde de Dieu sur nos Œuvres, dont
il prépare et dirige les progrès, leur donnant, au jour et à
l'heure marqués par sa Providence, l'appui qui leur manque et
le secours dont elles ont besoin.

Néanmoins, pendant plus d'une année, ce travail de la grâce
demeura inaperçu dans le Patronage qui conservait son organisation extérieure.

Il fallait attendre le moment de la Providence. Il ne tarda
pas à venir.

Mais avant de montrer comment l'œuvre a reçu son organisation définitive et son épanouissement complet, jetons un dernier coup d'œil sur cette maison de la rue du Regard où elle

1 *Maurice Maignen. Les œuvres ouvrières*, par Victor de Marolles. Paris ; Des-
clée et Brown.

a passé les années les plus laborieuses et les plus longues de sa formation.

Cette période, de 1850 à 1855, vit se former le commencement d'une petite bibliothèque spéciale aux patronnés de Saint-Vincent de Paul.

Le 1er janvier 1851, parut l'*Almanach de l'Écolier et de l'Apprenti*, rédigé et illustré par M. Maignen. La collection de ces almanachs, aujourd'hui presque introuvable, est une mine précieuse pour l'histoire du Patronage et un modèle pour apprendre aux hommes d'œuvres à parler et à écrire dans la langue qui convient aux ouvriers.

En tête de l'Almanach de 1851, figure le calendrier des « Fêtes patronales des corps d'états, arts et métiers ». C'est l'idée corporative qui commence à apparaître. Puis un article signé : « l'Almanach » accompagné d'une petite vignette, où l'on voit un écolier, la casquette en arrière, le panier en sautoir, les deux mains profondément enfoncées dans les poches et paraissant plongé dans une méditation profonde.

« Mes Enfants, dit l'Almanach, êtes-vous d'humeur à préférer une belle histoire à une friandise; une image à un sucre d'orge, ce qui instruit et amuse à ce qui régale? Voici un petit livre fait exprès pour vous; oui, pour vous, joyeux enfants, qui riez et pleurez, criez et courez, jouez toujours, étudiez quelquefois, j'ai des histoires pour vous; pour vous aussi, vétérans de l'école, savants de l'an dernier, vous qui prenant la volée quitterez bientôt la classe et deviendrez apprentis: déjà peut-être, les bancs vous semblent durs, il vous tarde d'être ouvriers; travailler! gagner! — quel bonheur! — L'apprentissage est pour vous tout un paradis de joie et de liberté. Le paradis, mes enfants, n'est pas sur la terre, et l'atelier comme la classe aura son ennui et ses peines... »

Il paraît que les apprentis d'alors surent préférer aux friandises le petit livre fait pour eux, car l'almanach parut pendant bien des années. Il contenait de charmantes histoires; ces belles histoires qui avaient fait la joie des premières réunions de la rue du Regard et que les enfants rédigeaient sur des cahiers soigneusement gardés. On y lisait aussi des nouvelles des Patronages. Ils se multipliaient toujours.

Nous en trouvons la liste dans l'Almanach de 1851 ; il y en a six :

1° Rue du Regard, 14 (le n° était changé, mais non la maison),

2° Rue de la Roquette, 95,

3° Rue Saint-Quentin, 26,

4° A Chaillot, école des Frères,

5° A Grenelle, rue de la Rosière, 4,

6° Rue des Fossés-Saint-Jacques, 11.

L'Almanach contient en outre l'adresse de toutes les OEuvres s'occupant alors des apprentis, les lieux et heures des cours du soir, des retraites pascales, des consultations médicales, etc., etc.

On y trouve un modèle de contrat d'apprentissage ; le Bref de Pie IX au président du Patronage de Saint-Vincent de Paul ; des traits édifiants sur la visite des pauvres par les membres des Petites Conférences, enfin quelques-uns de ces charmants petits dialogues, composés pour les distributions trimestrielles et les soirées du Patronage et qui restent le plus précieux patrimoine du théâtre de nos OEuvres.

De temps en temps, l'abbé de Ségur rédigeait pour l'Almanach une de ses causeries familières des réunions de l'*OEuvre des gâteaux*. D'autres fois, c'est un jeune ouvrier dont l'analyse est publiée. Nous retrouvons ici encore le nom de Nicolas.

Enfin, il y a dans l'almanach un calendrier des jeux, suivant les saisons avec l'explication de leurs règles.

C'est des premières années de l'*Almanach de l'Écolier et de l'Apprenti* que M. Maignen put extraire, en 1855, tout un volume d'histoires, sous ce titre : *Après l'École et l'Apprentissage*. Les illustrations, dessinées par lui, étaient gravées par les apprentis de la rue du Regard. Outre les éloges d'un maître dans l'art d'écrire, Louis Veuillot, ce petit livre valut à l'auteur une lettre de l'archevêque de Paris :

« Il serait difficile, disait le Prélat, de trouver un langage qui convienne mieux aux enfants de la classe ouvrière que celui que vous leur parlez, et une manière plus variée, plus ingénieuse de les intéresser, en même temps que de les instruire. »

Ce langage, si populaire et si simple, était en même temps très littéraire et toujours élevé. M. Maignen dédiait son livre à « ses enfants ». « A vous, d'abord, mes chers enfants, à vous tous dispersés aujourd'hui, apprentis, compagnons, chefs d'ateliers, patrons, soldats ou marins, pères de famille, quel que soit votre sort, en quelque lieu que vous soyez, à vous, mes enfants, ce petit livre!...

« Il s'adresse sans doute à tous les apprentis, à tous les écoliers, auxquels, j'espère, il donnera d'utiles conseils; mais je le dédie à vous particulièrement que j'ai connus, aimés et conseillés longtemps avec un grand bonheur!... Il est à vous, car c'est pour vous et avec vous qu'il a été fait!... C'est votre portrait d'après nature, ou plutôt une suite de croquis tracés d'une main malhabile, mais où vous retrouverez votre jeunesse, les peines et les joies de votre apprentissage... »

C'étaient en effet des portraits que ces petites scènes intitulées :

Le choix d'un état. — Douze métiers, treize misères. — Lettres de Jean-Pierre l'Haricot. — L'apprenti gentilhomme, etc., etc.

Les apprentis de Saint-Vincent de Paul avaient trouvé leur historien et leur artiste. Ils devaient avoir bientôt leur musicien et leur poëte, rien ne manquera plus à l'œuvre de ce qui peut élever, former et grandir les âmes.

TROISIÈME PARTIE

LA MAISON DE NOTRE-DAME DE NAZARETH

CHAPITRE PREMIER

L'ORGANISATION DE LA MAISON D'OEUVRES. — L'ASSOCIATION DES JEUNES OUVRIERS. — LES PREMIERS CONFRÈRES. — LA TRANSLATION DU PATRONAGE. — LA MATINÉE DU MARDI GRAS. — LA MESSE DE 8 H. 1/2. — LES DIGNITAIRES. — LA MAISON D'OEUVRES.

C'est en 1854 que la Providence fit naître les circonstances attendues pour donner au Patronage sa forme dernière et son complet développement. L'asile des vieillards de la maison de Nazareth, ouvert rue N.-D.-des-Champs en 1848, avait été exproprié et démoli pour le percement de la rue de Rennes. Le bail de la maison de Patronage de la rue du Regard allait expirer et le propriétaire refusait de le renouveler. D'autre part, un vaste terrain situé sur le boulevard Montparnasse, au coin de la rue Stanislas, et appartenant à M. le curé de l'Abbaye-aux-Bois, se trouvait sans emploi. On y avait commencé la construction d'une chapelle pour les RR. PP. Capucins. Ceux-ci devaient accompagner au cimetière Montparnasse les convois des pauvres. Mais l'institution des *aumôniers des dernières prières* avait rendu sans objet l'établissement projeté. M. Hamelin, curé de l'Abbaye-au-Bois, céda, pour un prix minime, la chapelle et le terrain à M. Le Prévost.

Le contrat fut signé le 26 septembre 1854. Il restait à construire des locaux suffisants pour les différentes institutions charitables fondées par M. Le Prévost. Il voulait, en les réunissant autour de la nouvelle chapelle, former ce que l'on a appelé depuis une *Maison d'œuvres*, véritable foyer d'action des Frères de Saint-Vincent de Paul.

L'asile des vieillards, le fourneau économique, la bibliothèque de la Sainte-Famille, enfin le Patronage et le logement de la communauté, tout était à créer sur le terrain de Montparnassse.

Les travaux de construction commencèrent le 29 octobre, un mois après l'acquisition.

Le Patronage allait donc avoir une maison à lui. une vaste cour, toutes les facilités enfin pour grandir et s'organiser sans souci de l'avenir.

Il allait surtout avoir une chapelle, presque une église, et posséder dans ses murs la divine Eucharistie, source de toute vie spirituelle, foyer de grâce et de charité.

Dès le 15 août, avant même la conclusion définitive du contrat, le Patronage avait pris possession de sa future chapelle. On y venait de la rue du Regard pour les offices. Le Père Hello était là. Depuis le 18 mai, il avait quitté le séminaire et était venu se joindre à M. Le Prévost. Dieu donnait ainsi au Patronage, en quelques mois. un prêtre et un autel.

Mais il fallait une grosse somme pour payer le terrain et les travaux de construction. Les démarches incessantes qu'il dut entreprendre pour la réunir altérèrent tellement la santé de M. Le Prévost que, le 12 juillet 1855, il était obligé d'aller chercher loin de Paris le grand air et le repos dont il avait besoin.

C'est sur M. Maignen, activement et généreusement aidé par M. Paul Decaux, que retomba tout le fardeau.

Rien ne fut négligé pour intéresser à l'œuvre toute la haute société du faubourg Saint-Germain. Depuis cent ans, notre vieille aristocratie française, dépouillée d'une partie de ses biens par la Révolution, exclue de presque toutes les charges et fonctions publiques, est restée cependant la généreuse bienfaitrice, et comme la Providence visible de toutes les œuvres catholiques et en particulier des institutions charitables. C'est à elle qu'on eut encore une fois recours.

Aux premiers jours de mai 1855, un sermon de charité fut
prêché dans la chapelle de Notre-Dame de Nazareth, à l'occasion
de la bénédiction du modeste sanctuaire. Le prédicateur était
le R. P. de Ravignan. Déjà épuisé par la maladie qui devait
l'emporter, il avait renoncé à la chaire de Notre-Dame. Le sermon qu'il donna dans l'humble chapelle fut l'un de ses derniers.
Aussi, quand on sut dans le noble faubourg que le P. de Ravignan allait prêcher à Nazareth, il y eut un concours empressé
de la société chrétienne et charitable la plus distinguée, et la
quête fut des plus abondantes.

Mais il fallait davantage pour suffire aux dépenses de la fondation, et longtemps encore M. Maignen eut la lourde tâche d'assurer l'avenir de la maison de Nazareth.

Écoutons le récit de la translation du Patronage au nouveau
local de la rue Stanislas.

« Le 25 décembre 1855, au matin, raconte M. Maignen, les
apprentis de la rue du Regard quittaient cette maison, où l'œuvre
commencée rue Copeau s'était définitivement fondée et si labo-
rieusement façonnée.

« Avant de l'abandonner, tous se mirent à genoux. Ils firent,
non sans émotion, une dernière prière, et adressèrent leur adieu
à ces vieilles murailles, témoins de tant de grâces et de combats.

« La vieille maison qui a vu ces choses et a reçu ces adieux a
disparu. Une grande construction de produit l'a remplacée et il
ne reste aucune trace de ce berceau de Nazareth. »

Cependant, l'œuvre ne quittait pas tout entière la maison
de la rue du Regard. Avec le don qu'il possédait de tirer parti
de toutes les ressources que la Providence mettait à sa disposition, M. Maignen n'était pas homme à laisser vide une maison
dont le bail ne devait expirer qu'une année plus tard.

Nous avons vu quels efforts furent tentés, dès 1849, pour grouper les jeunes ouvriers après leur sortie d'apprentissage. Malgré
des vicissitudes diverses, l'œuvre s'était maintenue.

Après le départ de M. l'abbé de Ségur, M. Malherbe, jeune
confrère plein d'ardeur et merveilleusement doué pour agir sur

les jeunes ouvriers, vint s'offrir à relever *l'œuvre* dite *des Gâteaux*.

Il conseilla de l'installer dans les grandes salles du patronage, dont on rajeunit le mobilier et les murs enfumés.

« Il proposa, raconte M. Maignen, d'ajouter à la tasse de thé tiède, les entretiens vifs et chaleureux, la musique et les joyeuses chansonnettes soigneusement expurgées, la poésie, les petits drames, les merveilles de la physique amusante, l'entrain, la cordialité, la vie de l'intelligence et du cœur. On se concerta avec d'autres œuvres du voisinage, avec les jeunes convalescents de M. Joseph de la Bouillerie. C'était, chaque dimanche, un véritable concert d'artistes, souvent éminents, ou bien une éblouissante loterie, ou un petit drame gracieux et touchant, comme le *ménage d'apprentis*, que M. Malherbe composait lui-même.

« Chaque soirée était une fête brillante et de bon goût, comme le monde, et même le grand monde n'en a pas toujours. M. Malherbe animait ces soirées de sa parole cordiale, de ses manières affables, de son zèle ardent.

« M. l'abbé Isoard terminait d'ordinaire la soirée par un sermon de cinq minutes, merveilleux tour de force, dans lequel il parvenait à fixer l'attention d'un auditoire fatigué.

« Que d'éléments de succès, en apparence ; quels moyens admirablement appropriés aux besoins de notre jeunesse parisienne si intelligente, si avide de plaisir ! Et néanmoins, il s'en fallait de beaucoup que le but proposé fût atteint. Malgré l'extraordinaire facilité des admissions, les jeunes gens venaient très peu assidûment et restaient assez peu nombreux. Un dimanche, ils étaient une centaine, huit jours après, à peine quarante.

« Notre concierge, venu de province, peu fait aux habitudes de Paris, laissait très habituellement pendant la soirée la porte de la maison toute grande ouverte. Entrait qui voulait. D'étranges figures apparaissaient parfois dans nos rangs pressés. On ne se connaissait pas. Chacun restait isolé au milieu de cette foule changeante. Après une année d'épreuve et d'efforts de tout genre, nous nous trouvions à peu près aussi avancés que le premier jour. Les jeunes gens semblaient blasés sur tout. Les études de M. Malherbe s'achevaient, il allait retourner auprès de sa famille avec le regret de laisser son œuvre encore si incomplète. »

Le fait que nous avons déjà vu se produire au cours de ce récit, se renouvela encore une fois : c'est au moment où tout semblait perdu, où l'on avait épuisé toutes les ressources, c'est alors que Dieu fit faire à l'Œuvre un progrès décisif. On avait déjà cherché un autre local que celui de la rue du Regard, pour réunir les jeunes ouvriers, qu'on ne voulait pas laisser mêlés aux enfants du patronage et qui ne pouvaient trouver pendant la journée du dimanche un seul endroit libre dans la maison.

L'année de bail qui restait à courir à la maison de la rue du Regard, tandis que le Patronage allait s'installer rue Stanislas, permettait de tenter, à peu de frais et sans engager l'avenir, l'expérience d'une œuvre de jeunes ouvriers dans un local distinct de celui des apprentis. C'est une date importante dans l'histoire de Nazareth, que celle où fut décidée la fondation de l'association nouvelle.

Le 25 octobre 1855, M. Bourlez, qui présidait depuis 1845 l'Œuvre du Patronage de Saint-Vincent de Paul et la Commission administrative de la rue du Regard, ayant donné sa démission, fut remplacé par M. Paul Decaux que nous avons vu dès l'origine, remplissant les fonctions de trésorier. M. Decaux était un homme d'une haute intelligence et d'un grand cœur. Il comprit aussitôt que l'Œuvre du Patronage, après dix années d'expérience, pouvait faire un progrès considérable dans sa voie de préservation et de charité, si elle ajoutait à la protection et au groupement des apprentis celui des jeunes ouvriers. Il n'hésita donc pas à proposer à la Société de Saint-Vincent de Paul d'adopter l'œuvre nouvelle, fallût-il sacrifier pour elle des intérêts qui paraissaient moindres à ses yeux.

Le 1er décembre 1855, le Conseil supérieur du Patronage se réunissait en séance extraordinaire, sous la présidence de M. Baudon, président général de la Société.

Trois questions étaient à l'ordre du jour du Conseil : « Suppression de la maison de Sceaux et de la maison des Missions; création d'une œuvre de jeunes ouvriers. »

M. Decaux fit observer tout d'abord que l'OEuvre ne pouvait être fondée qu'au moyen de la suppression de ces deux maisons.

« M. Maignen, dit le procès-verbal signé par M. Albert Gigot, donne lecture d'une note relative à la création de l'œuvre des jeunes ouvriers. Il expose les efforts déjà tentés dans ce but et les résultats obtenus. Il propose de consacrer à la fondation définitive de cette œuvre sur de nouvelles bases, la maison de la rue du Regard, n° 14.

« Les jeunes gens pourraient s'y réunir le jour et le soir du dimanche. Ce serait, à proprement parler, le couronnement de l'OEuvre du Patronage. Une somme de 2.600 fr. est demandée. »

La discussion s'engage alors au sujet des deux maisons dont la suppression est proposée. Tout le monde s'intéresse à la fondation nouvelle, mais on se résout avec peine à abandonner deux OEuvres dont les résultats, minimes sans doute, ne sont cependant pas de nulle valeur. M. Beluze intervient et déclare la création de la maison des jeunes ouvriers indispensable, alors même qu'elle entraînerait la suppression d'une troisième maison.

On décide alors la suppression de la maison des Missions dont les enfants seront reçus à la rue du Regard. M. Baudon offre cinq cents francs à la maison de Sceaux pour ses besoins immédiats et le Conseil « vote la création d'une maison de jeunes ouvriers ».

Ainsi fut décidée la fondation de cette œuvre qui devait être le point de départ d'une nouvelle efflorescence d'œuvres ouvrières. La Société de Saint-Vincent de Paul, dont on retrouve l'action à l'origine de toutes les entreprises charitables de ce siècle, ajoutait un nouveau fleuron à sa couronne. Les patronnés des Missions suivirent Nazareth de la rue du Regard à la rue Stanislas, et formèrent longtemps la Section des Missions. Le petit hangar du fond de la cour actuelle est encore un précieux reste de la maison des Missions.

M. de Marolles a reproduit, dans la *Vie de Maurice Maignen*, le procès-verbal de la première réunion de l'*Association des jeunes ouvriers de Notre-Dame de Nazareth;* nous ne le donnerons donc pas ici.

C'est le 23 décembre 1855 qu'eut lieu la première séance et l'élection du Président et des conseillers de l'œuvre.

C'était encore un pas dans l'organisation hiérarchique de l'association ouvrière. Il n'y avait eu jusqu'alors ni président ni conseil pour les patronnés. L'*Association des jeunes ouvriers* fut, dans cet ordre, le champ d'expérience de M. Maignen : nous le verrons bientôt appliquer au Patronage une organisation analogue, appropriée à l'âge des jeunes gens et à l'esprit de l'Œuvre. Laissons maintenant la parole à l'un des témoins de la journée historique du 25 décembre 1855, alors membre de l'*Association des jeunes ouvriers de Notre-Dame de Nazareth* :

« La veillée de Noël fut charmante; il y eut de très bons orateurs. M. Dupaigne eut la direction de la musique; il nous a chanté de belles choses, et depuis ce jour il a été l'organisateur de toutes nos soirées musicales. Nous nous sommes rendus à la chapelle de Nazareth pour la messe de minuit qui fut chantée par le Père Hello; après la messe, le président et les conseillers de l'Association des jeunes ouvriers se réunirent au pied de l'autel de N.-D. de Nazareth. Le Père Hello leur fit une exhortation sur les devoirs qu'ils avaient à remplir envers l'association qui venait de naître; après l'exhortation, le Président lut l'acte de consécration, les deux assistants et les conseillers le répétèrent chacun à leur tour. Après avoir embrassé le P. Hello, ils allèrent embrasser M. Maignen qui était près de la sainte table du côté de l'évangile. C'est là que chacun d'eux reçut son insigne. Le Président et les conseillers donnèrent ensuite l'accolade à tous les membres de l'association : nous étions de 35 à 40. Je n'étais que sociétaire et j'en suis bien content, parce que j'ai pu me rendre compte de l'effet de la belle première consécration de notre Cercle. En sortant de la chapelle, nous sommes retournés rue du Regard pour le réveillon. M. Beluze, fondateur du Cercle du Luxembourg, prit part à toute la cérémonie; puis il vint faire le réveillon avec nous et une vingtaine de ses jeunes gens. » Pendant ce temps, les apprentis du Patronage étaient reconduits chez eux par les confrères de Saint-Vincent de Paul.

Les *jeunes convalescents*, dont s'occupait plus particulièrement M. Joseph de La Bouillerie, avaient assisté, avec le Patronage, à la messe de minuit. Comme il n'y avait pas encore de petite association pour le service de l'autel, ce furent huit enfants de chœur de Sainte-Geneviève qui firent les cérémonies.

Il y eut, en tout, deux cents communions; ce chiffre n'avait jamais été atteint depuis la fondation du Patronage.

La prise de possession de la nouvelle maison ne pouvait se faire dans des conditions plus consolantes et plus remplies d'espérances.

On devine quel put être l'entrain des enfants pendant la journée. A 3 heures et demie M. l'abbé Prével fit l'instruction, et l'installation du Patronage dans la grande salle du rez-de-chaussée eut lieu ensuite. M. Maignen y donna pour la première fois les *Avis*.

La maison de Nazareth fut pendant les mois qui suivirent un but de promenade pour les Patronages. Les enfants de Grenelle y viennent le 6 janvier 1856, sous la conduite de M. l'abbé Roussel; ceux des Missions y font leur entrée le 13 janvier. Enfin, tous les Patronages de Paris s'y donnent rendez-vous pour la procession de la Fête-Dieu.

Cette année 1856 voit l'OEuvre du Patronage de Saint-Vincent de Paul atteindre son complet développement et prouver par des résultats quels fruits peut en attendre l'avenir.

Elle a désormais tous les éléments moraux et matériels du succès. Une chapelle, un aumônier, un vaste terrain, l'expérience de dix années d'efforts constants pour trouver les meilleures méthodes; des confrères zélés et doués des plus rares aptitudes pour former la jeunesse ouvrière. Nous trouvons, dès cette époque, des noms qui reviendront souvent sous notre plume. A côté de M. Decaux, MM. Dupaigne, Seigneur, Albert Gigot, de Chauvigné, Bertuot, Lesevère, d'Arbois de Jubainville, plus tard aumônier du Cercle, Vermon, Girard, etc. M. Maignen, qui devait désormais partager son temps entre le Patronage et l'Association des jeunes ouvriers, était admirablement secondé dans ces deux OEuvres : à l'Association, par M. Paillé, le quatrième Frère de Saint-Vincent de Paul, celui qui aidait jadis M. Myionnet à faire le ménage de la maison de la rue du Regard : au Patronage, par M. Vasseur, venu d'Amiens à Paris pour se mettre sous la direction de M. Le Prévost et qui, depuis un an environ, s'initiait, rue du Regard, au mouvement de ce Patronage dont il devait plus tard devenir le Directeur.

Avec de tels moyens, de tels hommes, et la grâce de Dieu survenant, nous ne serons donc pas surpris de voir les progrès rapides de l'œuvre, en une année, tant au point de vue religieux qu'au point de vue de l'organisation et de la discipline.

Dès le mois de janvier 1856, on pourvoit au plus pressé. Il fallait pour le service de l'autel et pour la solennité des offices, former des enfants de chœur et des chantres.

Un certain nombre d'enfants furent choisis pour servir au chœur et se groupèrent, sous la direction de l'aumônier, en une petite association de sacristains. D'autres furent désignés pour chanter à la tribune : « ils manquent un peu d'exercice, » écrivait M. Maignen sur son cahier de procès-verbaux : mais M. Dupaigne était là pour les former et ce ne fut pas long.

Le carnaval arrivait de bonne heure cette année-là : il fallut tout de suite s'occuper des préparatifs.

Depuis 1852, nous avons vu que l'on avait recommencé à jouer des charades en action ou de petits dialogues composés par M. Maignen ou par M. Malherbe. Dans la nouvelle maison, il était possible de donner plus d'éclat à ces réjouissances et d'en tirer même un parti avantageux pour les finances de l'œuvre.

Ce furent les jeunes ouvriers que l'on chargea de faire les frais de la fête. M. de Chauvigné quêta dans le faubourg Saint-Germain toutes les vieilles robes de chambre et les étoffes défraîchies qu'il put trouver. On monta une petite pièce : *La prison de Cerisin.* Les personnes qui avaient donné les costumes furent invitées à une matinée payante, le Mardi gras, et la meilleure société du noble faubourg répondit avec empressement à cet appel. Il y eut des places à cinq francs et à trois francs, on n'avait jamais vu pareille splendeur au Patronage. Malgré cela la salle fut remplie et la quête si fructueuse que les rêves des organisateurs furent dépassés.

Cette première matinée du Mardi gras par les jeunes ouvriers fut un succès à tous égards. C'était une idée neuve de M. Maignen

Ce fut longtemps une des grandes ressources de l'OEuvre.

Mais l'idée était si bonne et trouva ailleurs tant d'imitateurs, qu'au point de vue des ressources qu'elle procure, l'institution est bien déchue maintenant.

On était déjà loin, nous le voyons, des premières appréhensions de M. Le Prévost. Mais la formation et la préparation des acteurs était plus sérieuse; la qualité du public imposait le respect, et puis, à côté du théâtre il y avait la chapelle où l'on inaugurait, à ce même jour, l'adoration du Saint-Sacrement par les apprentis et les jeunes ouvriers.

C'était à la fois le préservatif et le remède.

De une heure à quatre heures, il y eut exposition du Saint-Sacrement; au pied de l'autel les apprentis se relevaient tous les quarts d'heure et les jeunes ouvriers toutes les demi-heures. Il va sans dire que les apprentis se plaignirent d'être traités en enfants et demandèrent à faire l'adoration comme les ouvriers. Heureuse émulation pour le bien!

Ces premières innovations accomplies, il en restait une, plus importante et plus radicale, c'était de donner à l'œuvre un nouveau règlement en rapport avec son installation nouvelle et surtout avec l'expérience que dix ans d'exercice et d'étude avaient donnée aux Directeurs.

C'est le 3 février 1856 que fut promulgué le règlement du Patronage et le dimanche suivant, 10 février, il commença d'être appliqué.

Jusqu'à cette époque, le Patronage était resté à peu près tel que l'avait organisé M. Myionnet en 1845 et 1846.

Il y avait des cours le dimanche, de fréquents appels, de longues séances : la maison n'ouvrait qu'à onze heures le matin. Les enfants étaient répartis par sections et par divisions, selon les Conférences qui les patronnaient ou les écoles dont ils faisaient partie. Les chefs de section, élus par leurs camarades, avaient pour fonction de maintenir l'ordre dans les rangs quand on allait soit à Saint-Sulpice, soit au Luxembourg où que l'on passait d'un exercice à un autre dans la maison. Les chefs de section tenaient conseil sous la présidence du Directeur, un peu avant l'ouverture du Patronage. C'est à l'Association des jeunes ouvriers que M. Maignen fit la première application d'une organisation plus complète en instituant un Président, des assistants et des conseillers. C'était un emprunt aux OEuvres de province, notamment à l'œuvre de Notre-Dame des Champs d'Angers, fondée par M. le chanoine Le Boucher. Cette organisation d'une hiérarchie parmi les jeunes gens avait donné là et ailleurs les meilleurs résultats. Ce n'était donc pas une idée toute faite, une imagination *a priori*. C'était un système éprouvé par l'expérience.

M. Maignen voulait l'appliquer au Patronage, dans la mesure qui convenait à l'âge des patronnés. Les chefs de section furent remplacés par des *dignitaires* dont les attributions furent beaucoup plus étendues et plus variées. La responsabilité était aussi plus grande; c'est précisément ce que M. Maignen voulait obtenir, car l'expérience avait déjà prouvé et elle a confirmé depuis, que chez les âmes douées d'une certaine élévation de caractère, c'est le sentiment de la responsabilité qui fait naître et grandir l'esprit de dévouement et de zèle.

Des dignitaires *bien choisis* pouvaient donc devenir pour la direction elle-même de précieux auxiliaires. Mais cette idée d'une hiérarchie établie parmi les enfants du Patronage rencontra d'abord plus d'un obstacle. On craignait qu'elle ne développât dans l'OEuvre la jalousie et l'amour-propre, et ne ralentît le zèle des confrères en ne lui laissant pas un aliment suffisant.

Il fallut toute la fermeté de M. Maignen pour faire prévaloir son avis, et toute sa douceur pour la faire accepter. L'expérience lui donna si vite et si pleinement raison, que la même organisation fut bientôt adoptée dans les autres Patronages de la Société de Saint-Vincent de Paul, grâce à l'insistance que mit M. Decaux à faire valoir au Conseil supérieur du Patronage les résultats obtenus à Nazareth par la méthode de M. Maignen.

En voici l'exposé abrégé, d'après le *Manuel du Patronage de la Société de Saint-Vincent de Paul*, rédigé définitivement par M. Maignen en 1862.

Les enfants du Patronage de Notre-Dame de Nazareth étaient divisés en trois catégories : *aspirants, sociétaires, dignitaires.*

Les *aspirants* sont les nouveaux qui ont à connaître l'esprit et les usages de l'Œuvre. Si l'Œuvre est fervente et si l'esprit des enfants est bon, on peut se montrer large dans les admissions, parce que les nouveaux venus, s'ils n'ont pas bonne volonté, se retireront d'eux-mêmes.

La durée de l'aspirance peut être prolongée suivant la conduite du nouveau : elle ne peut être de moins de deux mois.

Les aspirants n'ont droit qu'à une partie des encouragements donnés aux sociétaires. Une réunion spéciale a lieu chaque dimanche pour leur expliquer le règlement.

Avant leur admission définitive, les aspirants passent un examen sur les vérités essentielles de la religion.

Les *sociétaires* forment l'élément stable du Patronage ; ils participent à tous les avantages que l'Œuvre peut assurer. Mais comme à l'âge de quinze ou seize ans, la persévérance devient plus difficile, il convient d'établir parmi les sociétaires deux divisions. La première pour les enfants de douze à quinze ans, sous le nom de *Patronage de l'Enfant Jésus*, la seconde, pour les enfants plus âgés, sous le nom de *Patronage de Saint-Joseph*. Cette distinction ne suppose pas une séparation complète, au contraire, mais certains privilèges qui suffisent à satisfaire les plus grands enfants tout en les maintenant dans la simplicité et l'obéissance.

C'est le Patronage de Saint-Joseph qui élit le président et les assistants et fournit les dignitaires.

Les *dignitaires* forment la tête de l'Œuvre : exemples de piété et de zèle, ils suppléent le Directeur dans les différents services. Il y a d'immenses ressources dans l'ardeur et la générosité des jeunes gens ; il importe de les utiliser au profit de l'Œuvre ; ils s'y attachent de plus en plus, à mesure qu'ils s'y dévouent davantage, et leur exemple est une des plus grandes forces du patronage.

Tout le bien de cette institution des *dignitaires* dépend de l'esprit dans lequel on la dirige ; il faut que cet esprit soit profondément chrétien.

Si l'on veut exciter le zèle par l'amour-propre, on récoltera ce qu'on aura semé, des susceptibilités des jalousies, etc. Ainsi dirigé, un conseil des dignitaires pourrait faire crouler toute une œuvre. Il n'y a qu'un moyen de rendre le dévouement solide et durable, c'est l'esprit de foi et de piété.

Un règlement détaillé indique à chaque dignitaire la nature, les heures et les détails de son emploi.

Tous les dimanches matin, ils se réunissent en conseil, le directeur leur donne les instructions pour la journée et recueille leurs observations sur le dimanche précédent.

« Les dignitaires, ajoute M. Maignen, sont sujets à deux sortes de maladies :

« C'est d'abord la négligence dans leurs fonctions, par inconstance; ou bien trop de zèle, provenant de l'orgueil et faisant plus de bruit que de besogne. » C'est par la communion fréquente et la prière qu'on les en préservera.

A côté du Patronage et comme sa prolongation, nous avons vu que M. Maignen avait établi l'*Association des jeunes ouvriers* pour les jeunes gens qui n'ayant pas ce qu'il appelait la *vocation du Patronage*, c'est-à-dire ne voulant pas s'y dévouer comme dignitaires, voulaient cependant rester chrétiens et se grouper en une réunion fraternelle.

A ceux-ci, la plus grande liberté d'allure était laissée. On n'exigeait d'eux que l'assistance à la messe le dimanche, tout en leur ouvrant la maison toute la journée et en les exhortant à y rester le plus possible.

L'*Association des jeunes ouvriers de Notre-Dame de Nazareth* avait, comme le Patronage, sa hiérarchie d'*aspirants*, de *sociétaires* et de *conseillers*.

Les moyens d'attraits et les institutions y étaient à peu près les mêmes qu'au Patronage. *Il est permis de fumer dans les jardins*, dit le *Manuel*.

Cette seule ligne a toute une histoire. M. Maignen n'avait jamais fumé. Il détestait cette habitude et plus d'une fois, à cette époque, il a parlé de l'*impure cigarette*.

Cependant, quand il fonda l'*Association des jeunes ouvriers*, il comprit qu'il fallait, sur ce point, diminuer la rigueur, et lais-

ser aux jeunes gens la liberté d'une distraction qui, à leur âge,
et hors du Patronage, était bien innocente. Mais combien les
premières tolérances furent restreintes !

C'est pied à pied, qu'il défendit le terrain contre l'envahis-
sement de la fumée des cigares.

On fuma d'abord dans le jardin; puis il y eut un fumoir, enfin
on fuma presque partout, mais ces étapes durèrent des années.

Voici, à ce sujet, une curieuse poésie, composée à propos de
l'inauguration du fumoir :

> O mon Seigneur, combien est grande la
> multitude de douceurs que vous avez réser-
> vées à ceux qui vous craignent !
>
> PSAUME. XXX. 20.

Lorsque tout en ces lieux semblait fait pour nous plaire ,
Que pour fruit des labeurs d'une semaine entière,
Nous venions tous ici pleins d'une noble ardeur
Jouir d'un saint repos et bénir le Seigneur,
Toujours veillant sur nous, sublime Providence !
Toi qui nous protégeas en mainte circonstance,
Tu voulais bien encor doter ton cher troupeau
D'un plaisir éclatant, d'un bienfait tout nouveau :
Un *Fumoir*, établi dans ce charmant asile,
Vient d'être organisé par cette main habile
Qui nous fait voir encor les splendeurs de son art :
Il sut faire un palais du plus pauvre hangar.
Nous te renouvelons, divine Providence !
Nos sentiments d'amour et de reconnaissance.
Oui, tous nous fumerons, puisque tu le permets !
Nous fumerons beaucoup; pour moi, je m'en promets;
Et, si tout est fumée au milieu de ce monde,
La nôtre, en s'élevant épaisse et vagabonde,
Ira porter au cieux ce cri de tous les cœurs :
Vivent Monsieur Maignen et tous nos bienfaiteurs !

C'était la préoccupation de donner à l'OEuvre un cachet de
distinction qui inspirait à M. Maignen toutes ces résistances. Il
voulait qu'en en franchissant le seuil, le jeune ouvrier n'y trou-
vât plus rien de ce qui ressemble à l'estaminet et au restaurant.

Telle était, dans son ensemble, l'organisation du Patronage, dès 1856, par rapport aux patronnés.

Mais nous savons quelle place tenaient dans l'Œuvre, depuis l'origine, les membres de la Société de Saint-Vincent de Paul qui lui donnaient le concours de leur dévouement et de leurs efforts. L'une des préoccupations de M. Maignen était de les attacher à l'Œuvre en offrant un aliment suffisant à leur zèle, tout en faisant reposer sur les dignitaires l'organisation et le fonctionnement de l'Œuvre.

« Loin de laisser les membres de la Société de Saint-Vincent de Paul inactifs et de leur substituer les dignitaires, dit M. Maignen dans le *Manuel*, le directeur en employant ces enfants aux détails de l'Œuvre, dispense nos confrères de toute fonction matérielle ou disciplinaire qui ne saurait leur convenir. Dégagés de tous ces soins, ils peuvent se livrer librement à l'action morale qu'ils ont surtout à exercer.

« Le devoir d'un directeur est donc d'offrir un aliment au zèle de ses confrères et à l'ardeur de ses jeunes gens. Il fait ainsi un double bien. »

Les confrères qui donnaient à l'Œuvre un concours plus assidu et plus actif se réunissaient en conseil de direction, sous la présidence de M. Maignen.

Les délégués des Conférences de la circonscription formaient la Commission administrative, sous la présidence de M. Decaux.

L'aumônier, déchargé du soin de la discipline et des préoccupations matérielles de l'Œuvre, consacrait tout son temps et toutes ses forces au développement de la piété parmi les patronnés, à l'instruction religieuse et à la direction des consciences.

L'une des premières améliorations apportées au Patronage par la présence de l'aumônier et de la chapelle, fut l'institution de la messe de 8 heures 1/2. C'est tout un événement dans la vie du Patronage et ce fut le premier triomphe du Père Hello. Jusqu'à cette époque, le Patronage n'ouvrait qu'à 11 heures et l'on allait assister à la messe de 1 heure, à Saint-Sulpice.

Dans ces conditions, les communions étaient impossibles à la messe du Patronage et par conséquent la piété était nulle dans l'OEuvre. Aussi, dès que l'on eut une chapelle, dès que l'aumônier se trouva libre de modifier en ce point les usages, il se hâta d'en profiter.

Pendant quelque temps, il dit la messe à 7 heures. C'était trop tôt pour que les enfants pussent y assister. Dès les premiers dimanches de 1856, le Père Hello annonça qu'il dirait la messe à 8 heures 1/2 et l'on y conduisit tous les enfants du Patronage qui pouvaient être présents à cette heure-là. Ce n'était pas cependant la messe officielle du Patronage, celle à laquelle on était tenu d'assister. Beaucoup d'apprentis, encore à cette époque, étant logés et nourris chez les patrons, ne pouvaient pas venir au Patronage avant 11 heures.

La messe de 1 heure, puis celle de midi et demi, quand elle fut établie à Nazareth, restèrent donc obligatoires, et les enfants qui avaient assisté à celle de 8 heures 1/2, durent entendre la seconde. C'est seulement en août 1856 que les choses furent changées et que la messe de midi et demi devint seulement la messe des retardataires.

De cette réforme date vraiment l'ère de la piété au Patronage, quoiqu'elle n'ait pas, comme on pense bien, porté des fruits immédiats et que pendant quelques années les communions restassent peu nombreuses.

La chapelle de Nazareth ne tarda pas à devenir un foyer de vie spirituelle, au milieu de cette population de Montparnasse, alors si délaissée. La paroisse Notre-Dame des Champs n'existait pas, le Patronage était encore sur la paroisse Saint-Sulpice. Pendant longtemps les offices paroissiaux du quartier se firent dans une petite chapelle de bois, élevée sur un terrain vague de la rue de Rennes.

Pendant tout le carême 1856, Mgr de Ségur vint faire une instruction le dimanche et le vendredi soir à Nazareth pour les pauvres gens du quartier. On y vint en foule, attiré par la réputation de sainteté du prélat autant que par l'attrait de sa parole si apostolique et si populaire. Ce fut l'origine de la Sainte-Famille, cette œuvre chère à M. Le Prévost et qui ne tarda pas à être établie dans la chapelle de Nazareth.

L'asile de vieillards, primitivement fondé rue Notre-Dame-des-Champs, sous le nom de maison de Notre-Dame de Nazareth, avait été béni par M. Hamon, curé de Saint-Sulpice, le 18 mai 1856. Ce jour-là, les membres de l'Association des jeunes ouvriers firent aux visiteurs les honneurs de la maison. C'est l'asile des vieillards qui donna son vocable à la chapelle et par elle au patronage. Quel plus beau titre pour une maison où s'élève la jeunesse ouvrière que celui de la Vierge de Nazareth, qui veilla sur la sainte Enfance du Sauveur et partagea les épreuves et la pauvreté de saint Joseph!

Le fourneau économique fut transporté également de la rue du Regard à la rue Stanislas, avec la bibliothèque de la Sainte-Famille de Saint-Sulpice, la caisse des loyers et toutes les OEuvres établies par M. Le Prévost. Ainsi se formait ce groupement d'institutions charitables, qui prennent l'enfant du peuple au premier âge et le conduisent pas à pas jusqu'à la vieillesse. Tous les besoins, toutes les misères y trouvent leur remède.

Ces OEuvres sont sorties de la Société de Saint-Vincent de Paul, comme la Congrégation des Frères de Saint-Vincent de Paul elle-même; mais pour les conduire, pour les perpétuer, il fallait la continuité d'efforts et l'application constante que peuvent seuls donner aux OEuvres les religieux. C'est ce qu'avaient compris les premiers Frères de Saint-Vincent de Paul.

« M. Le Prévost me fit un jour cette réflexion, raconte M. Myionnet. La Société de Saint-Vincent de Paul est comme un échafaudage préparé pour la construction d'un édifice plus solide; il sortira de son sein des congrégations religieuses, formées d'hommes dévoués qui développeront les œuvres auxquelles elle a donné naissance et leur assureront l'existence.

« Puisse notre Congrégation, ajoutait M. Myionnet, se rappeler qu'elle est sortie de cette Société; qu'elle est notre mère, que nous devons conserver son esprit et ses œuvres et lui garder toujours respect et reconnaissance. C'est par elle que nous avons appris à aimer et à servir Notre-Seigneur Jésus-Christ, en la personne des pauvres. »

CHAPITRE DEUXIÈME

« L'histoire de Nazareth à la rue du Regard, de 1845 à 1856, a exigé quelque développement, disait M. Maignen à l'Assemblée générale de 1882; celle de Nazareth à la rue Stanislas, de 1856 à 1882, quoiqu'elle embrasse un espace de plus du double, c'est-à-dire de vingt-six ans, sera beaucoup plus courte.

« Nazareth à la rue Copeau, c'est l'ère préhistorique, c'est l'enfance d'un peuple.

« Nazareth à la rue du Regard, c'est l'ère des grandes luttes, c'est la terrible période de la transformation d'une nation pour arriver à son unité et à la possession d'elle-même.

« Nazareth à la rue Stanislas, c'est le calme majestueux d'une vieille monarchie qui grandit dans la paix et l'immuable stabilité de ses institutions. »

Treize années ont passé depuis que ces lignes furent écrites, et nous pourrions les appliquer à ce travail. L'histoire de la formation de l'OEuvre est finie; nous n'avons plus qu'à en considérer le développement et à en apprécier les résultats.

Nous avons vu que le règlement qui a régi constamment le Patronage depuis bientôt quarante ans fut proclamé le 3 février 1856.

Il était trois heures et demie. La section Saint-Joseph formée des apprentis et des jeunes ouvriers âgés de plus de seize ans procéda aussitôt dans une salle particulière à l'élection du Président pour la section Saint-Joseph et des deux Assistants du Patronage pour la section de l'Enfant-Jésus composée des plus jeunes apprentis.

« La confession mensuelle avait été promise par tous, dit le rapport; le dévouement des grands aux petits était accepté. »

Ce progrès décisif dans l'organisation du Patronage, les moyens de sanctification que le prêtre et la chapelle mettaient à la portée des enfants, ne tardèrent pas à produire leurs fruits. Aussi, toutes les maisons de Patronage de la Société de Saint-Vincent de Paul adoptèrent en peu de temps le règlement de Nazareth.

Pour bien marquer ce progrès des Œuvres dans la voie de la piété. le Conseil supérieur du Patronage décida que chaque maison serait placée désormais sous le vocable d'un saint patron et aurait une bannière.

C'est le 7 décembre 1856 que M. Decaux annonça cette décision aux enfants du Patronage. En se groupant autour de la chapelle de Nazareth, l'ancien Patronage de la rue du Regard en avait pris le nom. M. Decaux annonça que « la bannière de Notre-Dame de Nazareth serait blanche et représenterait Notre-Dame de Nazareth d'un côté et de l'autre saint Vincent de Paul ». On fit, tout de suite, une petite collecte pour l'achat de cette bannière.

L'année suivante, le 10 mai 1857, tous les Patronages se rendirent, à pied, en pèlerinage à Notre-Dame de Boulogne-sur-Seine. C'est là que fut bénite la bannière de Nazareth et celle de Notre-Dame de Grâce. Cette première bannière de l'Œuvre de Nazareth est conservée au Cercle Montparnasse, où elle figure à une place d'honneur, dans toutes les fêtes religieuses.

En même temps que le Patronage recevait ainsi un caractère profondément religieux, il faisait des progrès importants dans l'ordre professionnel.

C'est, en effet, le 25 mai 1856, qu'on a vu s'ouvrir la première exposition des travaux des apprentis de Saint-Vincent de Paul. Elle eut lieu dans la grande salle (aujourd'hui trop petite) du Patronage de Nazareth. Tous les Patronages s'y donnèrent rendez-vous, et comme on célébrait en même temps la Fête-Dieu, un reposoir fut dressé au milieu des chefs-d'œuvre des apprentis que vint sanctifier la présence du Saint-Sacrement.

L'assistance attirée à Nazareth par cette double cérémonie fut si nombreuse qu'il fallut retirer de la chapelle toutes les chaises pour y trouver place.

Le dimanche suivant, 1ᵉʳ juin, la distribution des médailles eut lieu au lycée Louis-le-Grand. La première médaille d'honneur fut décernée à un membre de l'*Association des jeunes ouvriers de Notre-Dame de Nazareth*. Ce fut le Patronage de Nazareth qui tint le premier rang parmi les exposants.

Cette institution des expositions pour les apprentis et jeunes ouvriers des OEuvres, a reçu depuis bien des développements. Elle contribue à inspirer aux patronnés l'amour du métier et le désir de s'élever par le travail.

Voici en quels termes M. Maignen en rendait compte dans l'*Almanach de l'Apprenti* :

L'EXPOSITION UNIVERSELLE DE 1856.

« Apprenez que l'année 1856 n'a pas été moins favorisée que sa devancière, par le grand fait industriel d'une Exposition universelle. Cette fois on n'a pas fait appel à l'Europe, ni à l'Asie, ni à l'Afrique, ni à l'Amérique. On ne s'est adressé ni aux grands industriels, ni aux petits, ni aux maîtres, ni aux contremaîtres, ni même aux ouvriers. Le fait d'une exposition de gens sachant leur métier est devenu trop banal. On s'est adressé cette fois à la classe beaucoup trop peu appréciée jusqu'ici des apprentis. Cela paraîtra singulier. On pouvait peut-être s'attendre à quelque chose d'assez comique. Voyez-vous d'ici la section des menuisiers offrant des échantillons variés de *chevilles* et la grande médaille décernée à une *potence!* Mais détrompez-vous; l'Exposition des apprentis a été très sérieuse, et au moins aussi intéressante dans son genre que celle du palais des Champs-Élysées. Il n'y manquait que les tourniquets. Sauf ce détail, proportion gardée, notre palais de cristal de la maison de Patronage de Nazareth a eu ses chefs-d'œuvre, et, si quelque auguste personnage en avait eu connaissance, nul doute qu'il n'eût laissé sur certaines blouses une croix de la Légion d'honneur; si ce n'est pour cette fois, à coup sûr nous le mentionnerons ici quelque jour. L'Exposition a été ouverte au public; je vous laisse à penser l'empressement des papas, des mamans et des patrons des jeunes exposants! Il y avait dans la salle des émotions, des enthousiasmes qui n'auront pas été déçus, nous l'espérons, au grand jour de la distribution solennelle. Il est vrai de dire que cette exposition présentait un coup d'œil charmant. Trois à quatre cents objets avaient été offerts par deux cent trente exposants, merveilleux spécimens de l'industrie parisienne, parmi lesquels on remarquait deux belles machines, l'une pneumatique, l'autre à diviser, un ravissant dressoir de salon, tous les trois récompensés de la médaille d'honneur en vermeil ; une niche en menuiserie, petit chef-d'œuvre de coupe et d'assemblage, des brides anglaises et des illustrations sur bois à désespérer nos alliés, des ciselures, des peintures sur porcelaines, des reliures, des sculptures sur bois pleines d'inspiration et de goût. Les sept maisons de Patronage de la Société de Saint-Vincent de Paul s'étaient présentées vaillamment à ce concours; chacune occupait dans les salles de l'exposition un espace particulier, décoré d'une oriflamme. Les curieux, les passants, s'extasiaient devant ces chefs-d'œuvre, et admiraient tant d'adresse, d'habileté et d'intelligence. Ceux qui savaient toute la persévérance qu'il a fallu à la plupart de ces enfants pour venir à bout de leur œuvre, obligés de prendre le temps nécessaire sur celui de leur sommeil et de leur repas, étaient plus touchés de leur courage que de leur talent. »

C'est dans la séance du 17 janvier 1856 que le Conseil supérieur du Patronage avait décidé l'organisation de la première exposition des apprentis et des jeunes ouvriers. M. Le Gentil, qui avait eu l'initiative de ce projet, fut chargé de présenter au conseil un rapport préparatoire et l'on nomma une commission afin de préparer l'exposition.

Cette commission se composait de MM. Bertuot, Seigneur et Albert Gigot.

La préparation de cette première exposition fut un grand travail; elle occupa longtemps les réunions du Conseil; bientôt, l'expérience aidant, l'exposition devint une des mieux conçues et des plus complètes de nos institutions du Patronage.

M. Le Gentil et M. Maignen consacrèrent tous leurs soins à cette œuvre pendant de longues années.

La distribution des prix de 1856 eut une solennité très grande à Nazareth. C'est la première fois qu'elle avait lieu dans la nouvelle maison.

Il y avait alors à Paris un grand nombre d'évêques venus pour la cérémonie du baptême du prince Impérial; l'anticléricalisme n'était pas encore maître.

Mgr l'archevêque de Tours, et Mgr l'évêque d'Amiens présidèrent la séance, assistés de deux adjoints au maire du dixième arrondissement qui s'était fait excuser.

M. Decaux prononça un discours; il y eut aussi une allocution de M. l'abbé Millaud. Enfin la musique de la garde impériale fit entendre les plus beaux morceaux de son répertoire.

Le 24 août 1856, le Patronage ouvrit pour la première fois dès 7 heures du matin, et l'assistance à la messe de midi et demi cessa d'être obligatoire. Aussi voyons-nous, dès le dimanche suivant, soixante enfants assister à la messe de 8 heures 1/2 et quatre y faire la sainte communion. C'était un grand succès pour l'époque et l'on voit par ces chiffres quels progrès a faits le Patronage depuis ce temps.

Le 14 septembre, on supprime les appels du matin et du soir, devenus fastidieux à cause du grand nombre des patronnés. Les présences seront désormais constatées au moyen des livrets. On fera seulement l'appel pour les nouveaux qui n'ont pas encore leurs livrets.

C'est aussi en 1856, le 22 septembre, que nous voyons mentionnée la première fête de saint Maurice. On célébrait déjà la fête de M. Myionnet à la rue du Regard en 1850 et 1851. Nous ne voyons pas trace de la fête du Directeur, depuis cette époque jusqu'en 1856. On faisait d'ailleurs les choses fort simplement et rien, dans ces fêtes, n'approchait des splendeurs que nous avons vues depuis.

Ce qui distinguait le Patronage d'alors du Patronage d'aujourd'hui, c'était la fréquence des promenades et des visites échangées entre les OEuvres sœurs.

On sortait tous les dimanches pour aller jouer au Luxembourg. Cette sortie s'effectuait par divisions qui se succédaient alternativement, au Patronage et au jardin public. Pendant la belle saison, on allait hors Paris, le plus souvent à Gentilly, où l'on goûtait et où l'on jouait dans le jardin du petit séminaire de Saint-Nicolas du Chardonnet.

L'aller et le retour se faisaient toujours à pied. On marchait en rangs, deux par deux, sous la surveillance des chefs de sections ou des dignitaires et des confrères.

Ces promenades avaient été une nécessité, rue du Regard, où le Patronage n'avait pas assez d'espace pour les jeux à courir; mais elles présentaient plus d'un inconvénient grave. Elles empêchaient l'action de l'OEuvre d'avoir, pour ainsi dire, toute son intensité, en laissant les enfants toujours groupés autour de la chapelle et sous l'action de l'aumônier; elles favorisaient aussi les conversations dangereuses, toujours plus faciles dans les rangs qu'au Patronage.

Une fois l'OEuvre établie dans son grand local, et sa vaste cour de la rue Stanislas, les promenades n'avaient plus la même raison d'être. Aussi voyons-nous les membres de la section Saint-Joseph, ennuyés d'aller au Luxembourg en rangs comme des écoliers, demander, dès le commencement de l'année 1856, à rester toute la journée au Patronage. Mais l'habitude était si bien prise que les plus jeunes continuèrent encore assez longtemps à aller au Luxembourg et que pendant la belle saison, tout le Patronage et l'Association des jeunes ouvriers allaient presque chaque dimanche à Gentilly ou dans les environs de Paris.

L'un des grands divertissements de cette époque, c'étaient aussi les courses qui avaient lieu entre tous les Patronages, soit à Grenelle, soit à l'Orphelinat de Vaugirard. Il y avait des prix aux vainqueurs et l'on donnait le plus d'attraits possible à ces exercices.

On faisait courir séparément les apprentis et les jeunes ouvriers. Chaque maison de Patronage devait fournir deux coureurs par course, sans compter les suppléants.

Le 21 mai 1857, une fête nouvelle fut célébrée pour la première fois à Nazareth, c'était la Saint-Émile, fête du Père Hello; tout le monde était là le matin, pour les souhaits de fête, et le soir, à la rue du Regard, il y eut une représentation donnée par les jeunes ouvriers en l'honneur de leur aumônier.

Quand le Patronage ne sortait pas, il recevait de fréquentes visites. Le 31 mai 1857, la Sainte-Famille de Saint-Sulpice venait en pèlerinage à la chapelle de Nazareth où l'on avait fait, pour la première fois, le 19 avril précédent, l'adoration des Quarante Heures. Après la Sainte-Famille, c'est le Patronage Sainte-Mélanie que l'on reçoit solennellement à la chapelle.

Le 1er juin, le Patronage Saint-Charles vient à son tour jouer dans la cour et assister à l'instruction. Ces œuvres, sorties de la rue du Regard, venaient ainsi se retremper à Nazareth, comme au foyer de famille.

Tout se développait et grandissait; l'exposition qu'on avait pu renfermer l'année précédente, à la maison de Nazareth, s'ouvrait en 1857 dans la grande orangerie du Luxembourg. On jouissait alors de faveurs aujourd'hui perdues et c'était un aide de camp de l'Empereur, le général Cotte, qui présidait la distribution des médailles.

Jusqu'au 1er novembre 1857, la vieille maison de la rue du Regard n'était pas restée abandonnée.

M. Maignen avait obtenu d'y laisser encore l'association naissante des jeunes ouvriers de Notre-Dame de Nazareth; elle s'y était définitivement constituée et l'un de ses membres, Emmanuel Gallais, venait d'entrer chez les Frères de Saint-Vincent de Paul.

Mais il n'était pas possible de prolonger plus longtemps ce séjour, car la maison allait être démolie pour le percement de la rue Saint-Placide.

On trouva un local, presque en face la chapelle de Nazareth, boulevard Montparnasse, 80, et l'installation se fit le jour de la Toussaint.

Le matin, à 8 heures et demie, un grand nombre de confrères et de jeunes ouvriers de toutes les maisons de patronage de Paris assistèrent à la messe à Nazareth. A 2 heures, la nouvelle maison fut bénite par M. Hamon, curé de Saint-Sulpice, et M. Decaux présenta les jeunes ouvriers à M. le Président général de la Société de Saint-Vincent de Paul.

Après la cérémonie, toutes les délégations des maisons de Patronage se rendirent à Nazareth et assistèrent au Salut, avec les jeunes ouvriers.

La maison de Nazareth devenait ainsi un centre où se rencontraient les membres des Œuvres et où la province envoyait ceux des patronnés de Saint-Vincent de Paul qui venaient à Paris.

Un rapport que M. Maignen présenta au premier Congrès des Directeurs d'œuvres ouvrières, réuni à Angers en août 1858, et dont nous avons extrait un grand nombre des citations reproduites ici, nous permet de constater quels résultats avait produits, dès cette époque, le mouvement de piété qui s'était accompli à Nazareth depuis 1855.

« Nous avons recherché dans nos anciens registres, disait alors M. Maignen, les chiffres d'inscriptions, de présences et d'abandons volontaires, ainsi que ceux des confessions et des communions pendant l'époque la plus prospère de notre ancien système, c'est-à-dire l'année 1850, et nous mettons en regard les chiffres actuels;

	1850	1857
Nombre des apprentis et jeunes ouvriers inscrits........	120	260
Nombre des présences pendant l'année................	1.936	10.029
Abandons volontaires...............................	17	52
Nombre des confessions.............................	566	3.155
Nombre des communions.............................	163	1.190
Nombre des jeunes ouvriers persévérants.............	10	50

Ces chiffres sont le plus bel éloge de la méthode adoptée, surtout si l'on songe que le progrès ne datait guère que des deux dernières années et qu'il s'est accentué depuis d'une manière bien plus grande encore.

La translation de la relique de saint Tharsice, qui fut donnée à cette époque au Patronage, fut encore l'occasion d'un mouvement des enfants vers la piété. L'*Almanach de l'apprenti* nous a laissé de cette cérémonie un récit plein d'enthousiasme.

« Nazareth, rue Stanislas, 11, la plus ancienne et la plus nombreuse maison de Paris, heureuse et fière du beau nom qu'elle porte, garde comme son plus précieux trésor la relique de saint Tharsice, premier martyr de l'Eucharistie, massacré dans les rues de Rome à l'âge de quatorze ans, tandis qu'il portait le saint Viatique aux martyrs. Sa translation eut lieu l'année dernière au 3 octobre, présidée par Mgr l'archevêque de Sirace, assistant au trône pontifical, et par les RR. PP. Dominicains, les RR. PP. Franciscains, et les RR. PP. Maristes. La châsse, déposée provisoirement dans un oratoire, fut transférée processionnellement dans la chapelle de l'OEuvre. Placée sous un dais de drap d'or, elle était précédée de quarante bannières des saints protecteurs de l'OEuvre. Les thuriféraires embaument l'air de nuages d'encens, la musique militaire avec ses marches triomphales et ses fanfares, l'illumination splendide de la chapelle et l'assistance nombreuse et recueillie, formaient un beau et touchant spectacle, une pompe vraiment digne et chrétienne. Le lendemain soir avait lieu la représentation du mystère de saint Tharsice, avec les costumes antiques, les décorations des catacombes, le panorama de Rome païenne, etc. Saint Tharsice, martyr de la foi, est aujourd'hui béni et invoqué avec amour par les apprentis parisiens, si souvent éprouvés dans leurs ateliers par la persécution et la haine. Ils ont puisé dans cette dévotion un plus grand courage dans le combat et un plus grand amour pour la fréquente communion. »

Cependant, l'*Association des jeunes ouvriers* était à l'étroit dans sa maison du boulevard Montparnasse ; on y était seulement depuis dix-huit mois, et il y avait trois ans de bail. M. Maignen voulait, à tout prix, un autre local. Repoussée une première fois au conseil des Patronages de Paris, sa demande fut agréée dans une réunion extraordinaire, présidée par M. Decaux; MM. Lesévère, Paillé, de Chauvigné, Seigneur, Dupaigne, Des Francs, le baron de Brimon, Hello, d'Arbois de Jubainville y assistaient. La cause fut gagnée grâce aux instances de MM. Hello et Des Francs et à la bienveillance de tous.

Bientôt un nouveau local fut trouvé, rue Montparnasse. 24 : c'était l'ancien hôtel du marquis de La Côste, devenu la propriété du prince Belgiojoso. Charmant édifice de style Louis XV, avec un beau jardin.

L'inauguration eut lieu le 16 septembre 1859 en présence des directeurs d'Œuvres de Paris et de la province réunis pour la seconde fois en Congrès des Associations ouvrières catholiques.

La bénédiction fut faite par M. l'abbé Véron. Le dimanche suivant, 18 septembre, les Directeurs des Œuvres de province, restés à Paris, vinrent visiter la maison de Nazareth et M. l'abbé Timon-David fit l'instruction à la chapelle.

Cette translation de l'Association des jeunes ouvriers à la rue Montparnasse fut un nouveau progrès pour l'Œuvre; elle permit d'ajouter à l'ensemble des institutions déjà existantes autour de la chapelle de Nazareth celle d'une maison de famille pour les jeunes ouvriers de province venus à Paris. Le Père Hello et M. Maignen s'établirent avec les jeunes ouvriers dans l'hôtel Belgiojoso. Le Père Hello continua à être l'aumônier des deux Œuvres. M. Maignen passait la matinée au Patronage, y donnait les avis et présidait le Conseil des dignitaires après la messe, puis à 11 heures 1/2, il se rendait à l'Association des jeunes ouvriers où il achevait la journée. M. Vasseur dirigeait les exercices du Patronage pendant l'après-midi.

Mais laissons la parole à M. Maignen lui-même, et écoutons l'exposé qu'il fit des Œuvres de la maison de Nazareth à l'Assemblée des Conférences de la circonscription en 1864.

« L'Œuvre du dimanche se poursuit avec succès. Nous comptons actuellement deux cent quatre-vingts enfants admis, ayant tous fait leur première communion. Sur ce nombre, soixante environ sont âgés de quinze à vingt ans. Une vingtaine ont fini leur apprentissage, et préfèrent le patronage dont ils sont les principaux dignitaires aux réunions des jeunes ouvriers. Quatre d'entre eux tirent au sort cette année. L'assiduité, la persévérance, n'ont jamais été aussi remarquables. Certains dimanches, on compte à peine dix absences. Grâce à nos confrères, l'entrain dans les jeux et à la gymnastique est admirable. Les résultats spirituels sont excellents. Les confessions de l'année ont dépassé le chiffre de 4.000 ; le nombre des communions à atteint celui de 3.000.

« Mais pour avoir une idée exacte de l'esprit de la maison, il faudrait suivre une à une les fêtes de l'année qui forment comme la couronne de l'Œuvre. Il faudrait en reproduire les émotions et les joies.

« La fête des Rois, avec ses gâteaux traditionnels ! A son *tableau vivant* figuraient cette année, au pied de l'Enfant Jésus, représenté par un petit enfant pauvre, les Rois Mages lui offrant un habillement complet et magnifique. Cette scène, éclairée par une vive lumière, enveloppée d'une gaze comme d'une vapeur, était accompagnée par des strophes en vers que M. Vrignault, le poète de Nazareth, jetait à l'assemblée tout ému ! L'orgue de M. Dupaigne les accompagnait. C'est tout dire !

« Il faudrait vous transporter aussi dans nos fêtes de famille, et vous en faire ressentir toutes les joies intimes : la Saint-Émile, fête de l'aumônier ; la Saint-Paul, fête du président.

« Et nos soirées des jours gras, avec leurs pompeuses représentations, dont les acteurs, à peine dépouillés de leurs costumes, commencent aussitôt la double nuit d'expiation et de prières au pied du Saint-Sacrement !

« Et nos grandes soirées de la retraite pascale, la chapelle, comble d'enfants, de jeunes gens accompagnés de leurs familles ; les chants pieux, les graves prédications si bien écoutées par ces troupes de jeunes travailleurs encore souillés de la poussière des ateliers, beaux devant Dieu par la foi et le courage chrétien ! Et ces communions si nombreuses, si attendrissantes ! Oui, le Patronage, comme toutes les Œuvres de jeunesse, a des heures d'angoisses : mais ces jours-là, dont nous n'exagérons pas la douceur, font tout oublier! Même nos simples dimanches, avec leurs exercices bien calculés, s'enchaînant avec ordre, ont un charme très grand. Entre ces enfants si aimants et vous, chers confrères, qui vous faites si promptement leurs frères et leurs amis, règne une union si affectueuse et si cordiale, que la vie du Patronage approche, en vérité, de la vie de famille, et il y a même des jours qui la font oublier!

« Nous avons parlé du Patronage du jeudi (continue M. Maignen). réunion des écoliers, précieuse racine du Patronage. Nous venons de crayonner rapidement les annales des apprentis de cette année. Il nous reste à parler de la maison des Jeunes Ouvriers, complément et couronnement de l'œuvre entière de Nazareth.

« Elle est établie présentement rue du Mont-Parnasse, 24, dans une maison à loyer. et compte actuellement cent treize jeunes gens, inscrits et assidus de dix-huit à vingt-cinq ans, plus une trentaine de membres agrégés à Paris ou en province : patrons, mariés, soldats, mais conservant avec nous, soit par visites soit par correspondance, des rapports intimes et suivis. Combien, après de longues années de Patronage, sommes-nous heureux de retrouver et de rapprocher de nous tant de bons jeunes gens, que mille circonstances ont éloignés de notre œuvre et qui sont empressés d'y revenir!

« Ici les formes enfantines du Patronage disparaissent. L'Œuvre des ouvriers, en conservant l'esprit chrétien. a des allures plus viriles, qui seraient déplacées au milieu d'une Œuvre d'enfants. Les portes sont ouvertes aux allants et venants de 7 heures du matin à 10 heures du soir. La plupart demeurent; mais la liberté est entière. Il y a un buffet à la disposition des jeunes gens, un restaurant où ils prennent leurs repas. D'autres privilèges leur sont concédés, qui seraient un scandale pour les apprentis, tels que le cigare ou la cigarette, fumés dans le jardin. Sans cette concession, les réunions seraient souvent désertées. Aussi. au commencement de cet hiver, l'inauguration d'un fumoir a-t-elle été saluée avec enthousiasme.

« La maison offre à ces jeunes gens tous les plaisirs honnêtes : un jardin, une gymnastique, des billards, une bibliothèque, des revues et journaux religieux! C'est encore un foyer de famille où, privé de ses parents et arrivant de province, dirigé sur l'OEuvre par les présidents des Conférences et les directeurs des Sociétés du même genre, si nombreuses aujourd'hui, le jeune ouvrier trouve, durant son tour de France, un logement et un lieu convenable pour sa nourriture. Il se trouve préservé ainsi du danger funeste du garni et des entraînements des petits restaurants, où les connaissances se font si vite entre ouvriers, et mènent souvent si loin! Le directeur et l'aumônier ont leurs cellules au milieu de celles des ouvriers. En un mot, c'est la mère du compagnonnage, plus l'esprit de famille et de religion, moins le cabaret.

« Que l'on nous permette quelques détails sur notre petite *communauté* ouvrière! Le lever a lieu en été à cinq heures moins le quart; en hiver à cinq heures trois quarts. Il se fait de chambre en chambre par le *Benedicamus Domino*. On descend à la chapelle; on y fait une courte prière, une petite méditation de dix minutes, et on termine par la lecture de la vie du saint, le tout dure un quart d'heure. Puis l'aumônier dit sa messe, à laquelle assistent toujours quelques jeunes gens plus libres ou plus pieux. Ensuite chacun part au travail et ne rentre qu'au soir, vers sept ou huit heures. — Les salles sont éclairées et chauffées. — Après dîner, on se réunit, on cause, on joue jusqu'à la prière, qui se fait en commun, à neuf heures et demie. — Puis l'on se sépare, non sans peine, après force poignées de mains et bons souhaits. — C'est assez dire que l'on vit en frères. — Chacun rentre dans sa petite chambre, bien modeste, mais convenable, où l'on goûte l'aisance et la liberté du chez soi. — On s'endort fort vite, car la journée a été rude. — Cependant il n'est pas rare, quelques instants après le coucher, quand la maison est dans le silence, que quelque pauvre enfant vienne furtivement frapper à la porte de l'aumônier, et aussi quelquefois à celle du directeur. — Est-il besoin de dire pourquoi? Après un jour de tentations et de combats, peut-être de chute, on vient chercher auprès du père ou de l'ami, ou le pardon, ou le conseil. — Ces filiales confidences parfois se prolongent, un cœur de vingt ans s'ouvre si facilement! Les directeurs ne disent jamais : Il est tard! Ils laissent toute liberté à ces épanchements. Que d'âmes ainsi relevées! Que de tentations vaincues! Que de pièges évités! Chers confrères, pour bien comprendre le prix de cette Œuvre, figurez-vous un moment cette jeunesse livrée à la vie du garni ordinaire. Le réveil, au lieu d'une prière, se faisant par des chants et des propos infâmes! le repas se prolongeant au milieu d'immondes récits! Que dire des soirées et des nuits? »

M. Maignen a fait allusion, dans le rapport que nous venons de citer, à l'œuvre du Patronage des écoliers, au Patronage du jeudi.

Cette nouvelle forme de Patronage avait été inaugurée à Nazareth, le 29 juin 1860. Depuis ses origines, la Société de Saint-Vincent de Paul patronnait d'une façon particulière les écoliers. Elle avait établi l'usage de visiter dans les écoles les enfants des familles pauvres secourues par les Conférences.

Le visiteur s'informait auprès des chers Frères des progrès de l'enfant, inscrivait ses notes sur un livret et lui décernait à l'occasion, dans l'école, des éloges et des récompenses publiques.

Ces encouragements eurent de si heureux résultats que les Frères de la Doctrine chrétienne sollicitèrent le Patronage de la Société de Saint-Vincent de Paul pour d'autres enfants que ceux dont les familles étaient visitées par les Conférences et l'on vit, comme pour les apprentis, les enfants pauvres former, en quelque sorte, une classe privilégiée, aux avantages de laquelle tous aspiraient.

Mais cette forme du Patronage individuel des écoliers, qui était aussi celle par où commença le Patronage des apprentis, appelait un complément, plus efficace encore, dans la réunion du jeudi, ce dimanche des écoliers.

Une fois établie dans un local à elle, devenue propriétaire, en un mot, l'œuvre du Patronage pouvait étendre son action jusque-là.

C'est ce qu'elle fit, en 1860, en ouvrant ses portes aux écoliers pendant l'après-midi du jeudi.

Cette forme du Patronage plus simple et d'une organisation

moins complexe que celui des apprentis, offre le double avantage d'assurer à l'enfant une meilleure préparation à la première communion, de le préserver des dangers de la rue, et en même temps de préparer au Patronage du dimanche ses meilleures recrues. Elle favorise aussi le placement en apprentissage d'où dépend si souvent la persévérance et l'avenir temporel et éternel de l'enfant du peuple.

Avec le temps l'Œuvre s'est complétée par le Patronage des vacances, grosse charge pour la direction, surtout quand il faut réunir et surveiller deux cents enfants, tous les jours de la semaine pendant deux mois.

Mais aussi, quel moyen de préservation! que de péchés évités par cette Œuvre! La retraite des écoliers avant la rentrée des classes en est le couronnement.

La même année 1860, qui vit la fondation du Patronage des écoliers, vit aussi s'accomplir deux actes qui méritent d'être plus particulièrement rappelés.

Le 7 octobre, M. l'abbé Lagarde, vicaire général de Paris, venait bénir la petite chapelle de Saint-Tharsice, attenante au chœur de la chapelle de Nazareth où l'on conserve la relique du jeune martyr de l'Eucharistie. On s'appliqua à donner à cet humble sanctuaire l'aspect des cryptes des catacombes de Rome. M. Maignen y apporta tout son goût d'artiste et son âme de religieux. M. l'abbé Millaud, aujourd'hui curé de Saint-Roch, prononça le panégyrique de Saint-Tharsice et le Salut de Saint-Sacrement fut donné par un évêque lazariste.

Une nouvelle cérémonie réunissait à la chapelle de Nazareth, le 23 décembre 1860, les membres des œuvres, les amis et les enfants de M. Le Prévost.

C'était la première messe de ce saint et vénérable fondateur de nos Œuvres qui, à la fin d'une vie si pleine de mérites, montait pour la première fois à l'autel du Dieu dont l'appel avait réjoui sa jeunesse. Il avait voulu célébrer sa première messe dans cette chapelle de Nazareth, qui était comme le centre et le foyer de ses Œuvres et lui avait coûté tant de fatigues. Ce sera jusqu'à la fin une bénédiction pour l'Œuvre que ce souvenir et les grâces dont il restera pour elle le gage assuré. Tous les premiers compagnons de M. Le Prévost, les fondateurs de la Société de Saint-Vincent de Paul, les enfants de ses OEuvres, tous priaient avec lui, et il communia pour la première fois ceux qu'il avait ramenés à Dieu ou guidés depuis tant d'années dans les voies de la perfection et la pratique de la charité.

Nous avons rencontré tout à l'heure, pour la première fois, dans les annales de Nazareth, le nom de M. Vrignault. Il reviendra plus d'une fois sous notre plume.

Hommes et choses, tout arrivait à son heure, de ce qui devait contribuer à faire de Nazareth le type achevé de l'OEuvre pour la jeunesse ouvrière de notre temps.

Le Patronage avait son aumônier, son directeur, son professeur de musique, il lui manquait un poète, ce fut M. Vrignault.

La poésie et la musique au Patronage mériteraient tout un chapitre de ce récit. Faute de place et de compétence, nous voudrions au moins leur consacrer quelques pages.

« Dans tout jeune ouvrier, disait M. Maignen, il y a un poète. » Et, en effet, cette jeunesse si gaie, si tapageuse, a dans sa manière d'exprimer et surtout d'écrire ce qu'elle ressent et ce qu'elle pense, une sorte de poésie instinctive, toujours charmante, quand elle reste naturelle.

Mais où la poésie se rencontre pour ainsi dire à chaque pas, c'est dans la vie même, dans l'enfance et dans la jeunesse de l'ouvrier. Cette existence si vulgaire en apparence, si grossière même, quand elle est matérialisée et avilie par l'irréligion, prend chez l'ouvrier chrétien un caractère de simplicité et de grandeur qui constitue cette beauté idéale à laquelle l'art s'efforce d'atteindre et qui ne trouve sa forme parfaite que dans la plus haute expression du sentiment et de la pensée humaine : la poésie.

Cet idéal dans la vie ouvrière, M. Maignen l'avait vu dès l'origine et s'était efforcé d'en fixer les traits avec son crayon et avec sa plume, dans l'*Almanach de l'Apprenti*.

Mais il fallait qu'il fût chanté.

Le premier essai en ce genre date de la rue du Regard. Nous

trouvons dans l'Almanach pour l'année 1851, la *Chanson de l'App . enti :*

> « Apprenti,
> C'est gentil,
> On rabote, on tape, on chante,
> Mais l'gamin,
> Dès l'matin
> Entend du haut d'sa soupente :
> Allons, gas,
> Vite en bas,
> Je n'ris pas.
> Et pourtant, l'enfant n'est pas si méchant,
> C'est vraiment
> Un bon enfant. »

Toute la chanson continue sur ce mode alerte et rapide, avec une s**rdine de mélancolie et de tendresse pour le petit apprenti si léger et si bon, si étourdi et si généreux :

> « Bien souvent
> Plus gaiement
> Aux pauvres il fait l'aumône
> De son pain
> Quand l'gamin
> N'a plus rien.
>
> C'est joueur,
> C'est flâneur
> Et ça fait tout à sa guise,
> Et c'pendant
> En passant
> Entrez-vous dans une église,
> Taisons-nous !
> L'voyez-vous
> A genoux ? »

Le dernier couplet est une prière où se révèle le zèle et l'angoisse du père de l'apprenti :

> « O Seigneur !
> Que son cœur
> Soit toujours pur sous ton aile.

> Qu'ouvrier,
> L'atelier
> Le laisse grandir fidèle,
> Sous tes yeux,
> Cœur pieux
> Et joyeux! »

Cette pièce n'est pas signée, mais elle était bien digne d'être le premier chant du Patronage.

Nous voudrions pouvoir citer ici ces chants tour à tour si pieux, si gais, si purs, si français en un mot et si chrétiens. Quelle peinture vivante de l'apprenti parisien, dans les « Petit vert-de-gris ». C'est bien à Paris qu'il est né ce gamin si crâne et si tapageur qui tient sa lime « comme son sabre, un général ». Il aime son métier, son métal, il le connaît, « c'est son intime ». Les mains sont petites et le cuivre « est dur à manier » :

> « C'est pas sans peine qu'on l'entame,
> Longtemps il résiste, mais dame,
> Il nourrit bien son ouvrier. »

Qu'il est joli le portrait de l'apprenti du Patronage et comme est simple et vraie l'expression de sa gaieté franche!

> « Le lundi, bonnet sur l'oreille,
> Chacun se rend à l'atelier.
> On a du cœur à travailler
> Quand on a bien joué la veille!
> Tout en poussant gaiement l'outil
> On pense aux jours de Patronage
> Si beaux que l'on voudrait, je gage,
> Rester toujours pauvre et petit. »

Tout l'esprit de Nazareth est dans ces vers, qui respirent l'amour du métier, l'entrain, la joie de vivre chrétien. N'est-ce pas ainsi que l'on rend l'ouvrier heureux et fier de sa condition, bien plus que par les déclamations socialistes qui lui inspirent le dégoût du travail, la haine de la société, sans apporter d'autre

soulagement à ses trop réelles souffrances que celui d'espérances
chimériques et de réformes imaginaires!

N'y a-t-il pas plus de dignité et plus de vrai bonheur dans
ce seul cri du cœur chrétien :

> « O mon Dieu! du ciel où vous êtes,
> Bénissez le pauvre ouvrier!
> Daignez remplir mon atelier
> D'enfants pieux, de cœurs honnêtes. »

Et comme elle termine bien un tel chant, cette prière :

> « Je grandis, me voici tout prêt
> A m'envoler à tire-d'aile;
> Mais faites que je sois fidèle
> Au nid charmant de Nazareth! »

Oui, « nid charmant », nid de moineaux parisiens, dans un
clocher, où l'on prie et fait tapage.

> « Chardonnerets, linots, pinsons,
>   Mésanges,
> Qui vous enseigne vos chansons?
>   — Les anges! »

Cette dernière strophe de M. Vrignault, est tirée d'un chant
de promenade trop oublié. Il a été publié dans l'*Almanach de
l'Apprenti* de 1870, et se termine par de beaux vers sur la France
qui venaient bien à leur heure :

> « Combien la France, ô mes amis,
>   Est belle!
> Quel pur éclat le Christ a mis
>   En elle!
> Quoique infidèle et bien souvent
>   Meurtrie,
> Touchez son cœur, il est vivant...
>   Patrie!
> Le blé, la vigne ornent son front
>   Qui règne,

Et de trois mers le flot profond
        La baigne;
Fleurs d'orangers, fleurs de genêts
        L'étoilent;
Les rameaux verts de ses forêts
        La voilent;
Fleuves puissants, ruisseaux joyeux
        L'abreuvent...
Que nos voisins nous offrent mieux
        S'ils peuvent!
Son vieil honneur sous le granit
        S'abrite.
Son cœur vaillant que Dieu bénit
        Palpite...
Chantons, amis, d'un même accent,
        La France,
Que notre chant d'un vol puissant
        S'élance! »

Il faudrait les citer tous, ces chants du Patronage. Et la *Première Armoire* avec ses accents si vrais, pris dans le vif de l'existence de l'ouvrier.

« C'est mon œuvre, c'est ma chose... J'ai fini! j'ai fini mon armoire en chêne verni! »

C'était de la poésie vécue, ainsi qu'on l'appellerait de nos jours. Toutes ces chansons ont une histoire. Plus d'une fut composée à la demande de M. Maignen qui racontait à M. Vrignault un trait recueilli dans les visites d'ateliers, un de ces épisodes de la vie ouvrière qu'il aimait à recueillir.

Ainsi en est-il du Chant du *patron*. Il fut composé à l'occasion de l'établissement du premier enfant du Patronage qui d'ouvrier soit devenu patron.

« Je suis patron, même c'est d'hier
        Que la chose s'est faite;
Je suis patron, n'est-ce pas, mon cher,
        Que j'en ai bien la tête!
Mon atelier donne sur la cour
        Mais il est gai quand même
        Il a de l'air, il a du jour.

> Bref, tel qu'il est, je l'aime
> Jamais, jamais, comme ouvrier
> Je ne connus la débauche,
> Dieu bénira mon atelier,
> Je suis patron, j'embauche! »

On ne s'étonnera plus d'entendre les apprentis, formés par une œuvre dont de tels chants révèlent l'esprit, s'écrier, dans le chant de la Saint-Maurice :

> « Crois-moi, quand je te l'dis
> L'patronage est un paradis! »

Que ne pouvons-nous avec ces vers fixer les notes harmonieuses et vivantes dont M. Dupaigne les accompagnait. Nous ne pouvons que répéter avec les apprentis de Nazareth :

> « On peut, sans qu'il en coûte rien
> Dev'nir ici bon musicien.
> Ténor, bass' taille ou baryton,
> C'est m'sieu Dupaign' qui donn' le ton.
> Monsieur Dupaign', maman mignonne,
> C'est bien la musique en personne... »

Et quelle musique! à la fois populaire et élevée, accessible à tous, en même temps qu'elle charmait les amateurs les plus délicats.

On a vu publier depuis, à l'usage des Œuvres ouvrières, des chansons où l'incorrection de la forme ne le cédait qu'à la vulgarité de la pensée. Comme si le langage de la rue et les refrains d'estaminet devaient donner le ton des compositions destinées aux Œuvres catholiques!

Chers ouvriers! vous méritez mieux et vous vous êtes chantés vous-mêmes dans ces refrains de Nazareth, si enlevants, si naturels et si chrétiens.

Cette période de l'histoire de Nazareth vit aussi l'Œuvre du Patronage se compléter et s'étendre par une institution, alors nouvelle, et destinée à un grand avenir, la formation d'une

Corporation de Saint-Éloi, pour les apprentis et ouvriers travaillant les métaux.

Le rétablissement des Corporations de métiers était déjà, depuis plusieurs années, une des grandes préoccupations de M. Maignen; c'est sous l'impulsion de cette pensée qu'il fonda, le 1ᵉʳ décembre 1861, la Corporation de Saint-Éloi.

Une messe spécialement dite à leur intention au Patronage, une collation particulière aux associés, le jour de la fête, une intimité plus grande entre eux; enfin, une souscription libre pour l'achat d'une bannière de saint Éloi, tels furent les débuts de la Corporation au Patronage.

Elle eut pour premier président ou doyen, M. de Rivérieux de Varax, alors confrère au Patronage, entré l'année suivante chez les Frères de Saint-Vincent de Paul; le successeur immédiat de M. de Varax fut un autre confrère de Nazareth qui devait plus tard entrer, comme lui, dans les ordres, M. Olivier de La Còste.

Peu après, les ouvriers de l'industrie du Livre, compositeurs, imprimeurs, libraires, relieurs, doreurs, etc., furent réunis comme premier groupement de la Corporation de Saint-Jean; ils étaient moins nombreux qu'à Saint-Éloi, et M. Maignen y adjoignit comme disciples de saint Luc les ouvriers des arts industriels, peintres, sculpteurs, dessinateurs, graveurs, etc.; chacune des deux Corporations eut sa petite fête avec banquet des Maîtres et Compagnons, et soirée distincte pour la Corporation de Saint-Éloi d'une part, et celle de Saint-Jean, Saint-Luc de l'autre. Cette dernière décida aussi l'achat d'une bannière par souscription libre, et un des Maîtres de la Corporation la confectionna.

Quelque temps après on commença à former une petite caisse corporative. Chaque Corporation nomma un président ouvrier, un secrétaire et un trésorier. On fit des réunions, d'abord tous les deux mois, puis tous les mois.

La Caisse Corporative fournit le moyen de faire un petit banquet, puis une promenade; c'était revenir aux traditions d'autrefois. Bien plus, on fit des économies que nous verrons utilisées, plus tard, pour la formation d'une société de secours mutuel.

Tout achevait donc de se constituer, et l'apprenti nazaréen trouvait à son Patronage ce qui nourrit la piété, ce qui forme au goût du travail, aussi bien que ce qui délasse le corps et ouvre l'esprit.

Les cours qui avaient lieu autrefois dans la journée du dimanche avaient été transportés, en semaine, aux réunions du soir, car le Patronage, fermé précédemment toute la semaine, s'était ouvert depuis 1856, à l'heure où ferment les ateliers.

Parmi les professeurs qui donnèrent les premiers l'enseignement au Patronage, on compte des illustrations de la littérature et de la science. Qu'il nous suffise de nommer MM. Léon Gautier, Puiseux, Dessains, Albert Dupaigne, etc.

Il avait fallu vingt années de tâtonnements et d'efforts pour arriver à cette organisation complète et éprouvée par un long usage.

Il nous reste à parcourir les trente années écoulées depuis 1864, années remplies, sans doute, de travaux et d'épreuves, mais fécondes aussi en fruits de salut pour une multitude d'âmes d'écoliers, d'apprentis et de jeunes ouvriers.

Après ces trente années, nous retrouverons le Patronage de Notre-Dame de Nazareth, fidèle à son esprit, à sa règle, entouré de familles chrétiennes dont ses anciens enfants sont aujourd'hui les chefs et dont les membres considèrent cette maison bénie comme un autre foyer paternel.

LA MAISON DE NOTRE-DAME DE NAZARETH

TRENTE ANNÉES DE PATRONAGE

JOURS DE JOIE ET JOURS DE TRISTESSE.

Le changement de Directeur. — Les Corporations. — La guerre de 1870. — La Commune. — Les ateliers chrétiens. — Les Naissances. — Les deuils. — Conclusion.

L'existence des œuvres de Dieu, comme la vie du chrétien sur la terre, est une suite d'épreuves et de combats. Malgré tant de moyens de salut, tant de ressources accumulées par vingt années de patients efforts, la maison de Nazareth n'était pas sans connaître les difficultés et les défections. Il y eut à faire en 1863 plusieurs exécutions douloureuses.

C'est une cause de tristesse bien connue des directeurs d'Œuvres, que la nécessité de renvoyer des jeunes gens.

Le déchirement est grand, surtout, s'il s'agit de patronnés déjà anciens dans l'Œuvre, sur lesquels on avait cru pouvoir compter pour y maintenir l'exemple du dévouement et de la piété; pour lesquels on a fait tant de sacrifices, peut-être durant de longues années.

Et cependant, quand le mal est certain, quand il faut retrancher un membre pourri pour sauver de la contagion du mal ceux qui sont encore sains, l'hésitation n'est pas permise et la tolérance serait coupable. Mieux vaut avoir découvert le mal. et il en faut remercier Dieu comme d'un témoignage de sa protection sur l'OEuvre. Car un seul sujet dangereux peut perdre un grand nombre d'âmes, s'il n'est chassé aussitôt.

Or, dans une réunion de deux à trois cents enfants ou jeunes gens, il y a souvent de ces brebis galeuses qui sèment autour d'elles la contagion et la mort.

L'attention du bon directeur doit être constamment en éveil pour les découvrir et les écarter du troupeau. C'est ce qui faisait dire à M. Maignen, après expérience faite, qu'une OEuvre d'où l'on ne renvoie personne est une OEuvre perdue.

Car le mal existe toujours, et il est d'autant plus grand que ceux qui doivent le guérir le voient moins.

Jamais une OEuvre n'a péri par les renvois justes et motivés.

On renvoyait donc, à Nazareth, ceux dont la conduite devenait un danger et un mauvais exemple; il fallut même, à plusieurs reprises, frapper, à la fois, tout un groupe, parmi les plus grands et les plus anciens apprentis.

C'est ce qui arriva en 1863.

C'était un sacrifice, mais un sacrifice nécessaire, il fut fait aussitôt.

Il ne suffisait pas cependant de constater le mal et d'y porter remède, il fallait en rechercher les causes et tâcher d'en prévenir le retour.

Depuis 1855, M. Maignen portait le double fardeau de la direction du Patronage et de celle de l'Association des jeunes ouvriers de Notre-Dame de Nazareth. En se développant, les deux œuvres n'avaient fait que rendre la charge plus lourde, M. Maignen, nous l'avons vu, passait au Patronage la matinée du dimanche, présidait les conseils, donnait les *avis généraux*, puis, à 11 heures 1/2, se rendait à l'Association, où il restait pendant l'après-midi et la soirée.

Si le directeur devait se partager entre les deux OEuvres, la direction se trouvait également partagée dans chacune d'elles. Le Patronage était dirigé, l'après-midi seulement, par M. Vasseur, et l'Association des jeunes ouvriers, le matin seulement, par M. Paillé, le troisième compagnon de M. Myionnet à la rue du Regard.

La discipline, le mouvement général de l'OEuvre devaient, à la longue, souffrir d'un tel état de choses; il parut, en 1863, qu'il était temps d'y remédier.

M. Vasseur prit, le 4 juin, la direction active du patronage, pendant toute la journée du dimanche, avec le titre de sous-directeur.

Le 14 juin, jour où l'on fêtait Saint-Éloi (d'été) à Nazareth, il donna, pour la première fois, les *avis généraux*.

M. Maignen, tout en gardant le titre de directeur du Patronage, dont il continuait à suivre le fonctionnement, n'exerça plus d'action immédiate qu'à l'Association des jeunes ouvriers où il passait désormais toute la journée du dimanche.

D'ailleurs, les réunions communes étaient fréquentes; les offices à la chapelle étaient les mêmes pour les deux œuvres et nous voyons encore, le 12 juillet, M. Maignen donner les *avis* au Patronage.

Cette nouvelle organisation de la direction eut pour effet de développer encore plus rapidement l'Association des jeunes ouvriers, à laquelle M. Maignen pouvait désormais consacrer tous ses soins.

Elle eut bientôt un aumônier, en la personne de M. d'Arbois de Jubainville, ancien confrère du Patronage, devenu prêtre des Frères de Saint-Vincent de Paul, et qui, de ses mains, construisit une chapelle dans la maison de la rue Montparnasse.

De son côté, M. Vasseur, initié depuis neuf ans à l'œuvre du Patronage, était prêt à lui donner son dévouement infatigable et à y dépenser sans mesure les aptitudes remarquables dont il était doué pour la direction et l'éducation de la jeunesse ouvrière.

Les choses demeurèrent en cet état pendant plusieurs années; la Saint-Maurice continuait à réunir tous les patronnés de Nazareth pour la fête du Directeur. Le 25 décembre 1863, les jeunes ouvriers eurent, pour la première fois, leur messe de minuit, rue Montparnasse et furent rejoints, au réveillon, par la section Saint-Joseph, composée des plus grands du Patronage, qui venaient terminer avec eux la veillée.

Quelques mois plus tard, le 27 mai 1864, on inaugurait le nouvel autel de la chapelle de Nazareth construit par Lanier, président de l'*Association des jeunes ouvriers*, récemment établi maître menuisier, et pour lequel M. Vrignault avait composé la *Chanson du patron*, dont nous avons cité quelques vers.

C'est en cette même année 1864 que se fit, pour la première fois, la procession de l'Assomption dans la cour du Patronage, par les apprentis et les jeunes ouvriers réunis. « Que c'était beau! dit un témoin; vous verrez que tous les Patronages vont vous imiter! »

Nous savons, aujourd'hui, s'il fut prophète.

C'est aussi en 1864 que fut organisée la première promenade dite des vacances. On avait supprimé, peu à peu, les nombreuses promenades des premiers temps du Patronage et l'on s'en trouvait bien. Mais, après l'Assomption, avant la fin de la belle saison et « pour récompenser les Nazaréens de leur assiduité », plus méritoire pendant l'été, on jugea utile d'avoir une grande promenade transportant, en chemin de fer, tout le Patronage à la campagne.

Pour la première fois, on se contenta de Viroflay, charmant pays d'ailleurs; mais nous verrons bientôt le Patronage pousser plus loin ses excursions.

On évitait, grâce au chemin de fer, ces longues marches en rangs dont les inconvénients avaient été reconnus. Arrivés au terme du trajet, les enfants étaient divisés par escouades, conduites par les confrères et les dignitaires; la surveillance devenait ainsi plus facile, et l'on se retrouvait au départ après avoir battu les bois en tous sens.

Vers la fin de l'année 1864, l'*Association des jeunes ouvriers* avait fait un pas décisif dans sa marche toujours progressive.

Elle était devenue propriétaire de son local actuel, boulevard Montparnasse; et en s'établissant le 1er novembre dans son hôtel, avec chapelle, jardin et grande salle, elle prenait le titre de *Cercle des jeunes ouvriers*.

La Maison de Notre-Dame de Nazareth se trouvait ainsi doublée; à la salle du Patronage devenue trop petite, s'ajoutait, pour les réunions générales, la grande salle du Cercle. Aussi, dès le 15 janvier 1865, on s'y réunit pour célébrer ensemble la fête de l'Épiphanie, avec son cortège royal, ses ordonnances et tout le programme encore observé maintenant.

C'est encore dans la grande salle du Cercle que se donnèrent, à partir de 1865, les soirées et les matinées des jours gras.

La représentation du dimanche soir et la matinée du lundi gras étaient organisées par le Patronage. La matinée et la soirée du mardi gras, étaient données par le Cercle. On partageait les bénéfices des matinées, comme les dépenses, en deux parts égales, et le produit net pour chaque Œuvre était, en moyenne, de quatre à cinq cents francs. C'est dans l'une de ces soirées communes que fut représentée pour la première fois, le 1er novembre 1868, *la Tentation*, ce petit chef-d'œuvre de grâce et de sentiment, composé par M. Vrignault.

Cependant, à Nazareth, ce « nid charmant ». o. ne restait pas insensible aux grands événements qui intéressaient alors l'Église.

Plusieurs jeunes ouvriers du Cercle et du Patronage s'étaient engagés parmi les zouaves pontificaux.

M. Maignen était allé à Rome fonder le Cercle Saint-Michel, et M. Vrignault inaugurait peu après le Cercle Saint-Maurice, pour les soldats français qui composaient la légion d'Antibes.

Le *Moniteur des jeunes ouvriers* nous a conservé quelques souvenirs de ces temps déjà lointains.

Nous y trouvons une lettre de M. Vrignault, datée de Rome, le 6 mai 1369.

Elle nous montre les liens nombreux qui unissaient déjà Rome à Nazareth :

« Cher Monsieur écrivait M. Vrignault à M. Maignen, je reçois au Cercle Saint-Maurice la plus cordiale hospitalité; vos Frères me traitent comme un des leurs, et je ne saurais vous exprimer la joie que j'éprouve à me trouver ainsi en famille. M. l'abbé de Varax me témoigne une affection à laquelle je suis très sensible. Il a eu occasion de dire la sainte Messe dans plusieurs sanctuaires vénérés, notamment dans la cellule de saint Ignace au Gésu, dans celle de saint Philippe de Néri à la Chiesa-Nuova, à l'autel du bienheureux Crispino de Viterbe, chez les RR. PP. Capucins, et j'ai eu le bonheur d'y recevoir, avec vos Frères, la sainte communion de ses mains. Il va sans dire que j'y ai prié, de toute mon âme, pour le Cercle des jeunes ouvriers.

« Une grande joie m'a été donnée; j'ai vu, j'ai serré dans mes bras, au Monastère des Trois-Fontaines, le Frère Garreau, notre cher, notre bien-aimé Garreau (1). J'ai fait cette visite avec Mgr de Mérode, avec M. l'abbé de Varax, et M. Jean-Marie. L'émotion de Garreau a été profonde, la mienne ne l'a pas été moins ; je ne pouvais me lasser de voir ce noble et mâle visage, ce regard si pur, si céleste, d'entendre cette voix qui était comme un écho des jours heureux de la rue Montparnasse, alors que le Cercle n'était encore qu'une petite famille dont Garreau était le frère aîné.

« J'ai parcouru à ses côtés ces lieux célèbres où tant de martyrs ont versé leur sang ; j'ai vu la colonne qui a servi à la décollation de saint Paul, mon patron ; le caveau où saint Zénon et ses dix mille compagnons chrétiens (toute une légion) ont trouvé la mort des confesseurs de la Foi ; l'autel où saint Bernard, offrant le saint sacrifice, apercevait montant au ciel les âmes du purgatoire qu'il délivrait ; j'ai bu de l'eau des trois sources qui ont jailli miraculeusement au contact de la tête auguste de saint Paul rebondissant trois fois. En me quittant, Garreau m'a dit : Je vous reverrai, n'est-ce pas? — Ah! puisse-t-il dire vrai! puissé-je revenir encore à Rome et visiter de nouveau avec lui ce petit vallon solitaire des Trois-Fontaines, si plein de grands souvenirs et où son âme angélique ajoute encore un parfum !

« Avant de partir, Garreau m'a montré son atelier et sa couchette ;… maintenant par la pensée, je pourrai vivre là près de lui.

« Le Saint-Père a daigné me recevoir, samedi dernier 1er mai, l'audience a duré vingt minutes; le souverain Pontife a été d'une bonté admirable.

(1) Le Frère Tharsice Garreau avait été président de l'*Association* des jeunes ouvriers de N.-D. de Nazareth.

« Les cercles vont bien ; je m'occupe surtout de Saint-Maurice, où je demeure : M. Jean-Marie le dirige supérieurement, et grâce à sa sainte simplicité, vient à bout de tous les obstacles. Je vais descendre tout à l'heure dans le jardin pour assister au mois de Marie de la Légion.

« Nous avons eu aujourd'hui à midi, par un temps radieux, la bénédiction *urbi et orbi* donnée par le Saint-Père, du balcon de la basilique de Saint-Jean-de-Latran. Cette cérémonie imposante nous a remplis d'une ineffable émotion. La voix du Saint-Père, plus puissante que jamais, semblait s'en aller aux quatre coins du monde pour consoler et fortifier les cœurs des fidèles. — L'avez-vous entendue au cercle? si votre âme était, en ce moment, attentive et recueillie, elle a dû percevoir comme un écho lointain de cette voix du Père qui sème si abondamment les bénédictions.

« Il me faut vous quitter. — Mille amitiés à tous mes frères chéris du Cercle ; mes respects à ce bon Père Foinel, — n'oubliez personne...

« J'espère que tout va bien. Je quitterai Rome au plus tard le samedi 14 mai, et je ferai la route sans m'arrêter. — Je vous embrasse en N.-S.

« P. VRIGNAULT. »

Mais, voici que la guerre éclate.

Le 17 juillet 1870, la distribution des prix avait lieu à Nazareth, sous la présidence de M. le curé de Saint-Sulpice. Nous lisons au procès-verbal cette simple remarque : « L'ensemble est un peu froid ; la guerre assombrit plusieurs visages, elle nous prive de la musique militaire ».

Nos soldats partaient déjà pour la frontière.

Cependant le Patronage ne perdit pas tout de suite sa physionomie ordinaire. Il y eut même quelques fondations nouvelles, en juillet et août 1870.

Le 31 juillet, on célébrait pour la première fois la fête de sainte Anne. Une nouvelle corporation était formée, sous son patronage, entre les ouvriers travaillant le bois. Le soir, tous les membres de la corporation se réunissaient au Cercle, en un banquet fraternel.

Cette nouvelle corporation détermina la formation d'une société de secours mutuels au Patronage. Les Corporations de Saint-Éloi, de Saint-Jean et Saint-Luc avaient déjà leurs caisses particulières. On songea à les réunir, avec celle de Sainte-Anne, en formant ainsi une seule caisse pour la Société de Secours Mutuels; un premier projet de règlement fut promulgué le 7 août 1870.

Les événements qui se précipitaient ne permirent pas de le mettre à exécution. C'est un an plus tard, le 1er août 1871, que la société de secours mutuels fut définitivement fondée.

Son encaisse était, à cette date, de 291 fr. 15. Il atteignit 305 fr. 65 le 1er janvier 1872. Le budget, on le voit, était modeste; mais la Société ne comptait alors que 38 membres, jeunes et bien portants, par conséquent n'ayant guère besoin d'être secourus.

Le 15 août 1870, jour ordinairement rempli, au dehors, par la fête de l'Empereur, qui faisait alors au Patronage une concurrence dangereuse quoique plus honnête que les fêtes modernes, Paris était dans le deuil.

On était sous le coup des défaites de Reischoffen et de Forbach.

L'archevêque de Paris avait ordonné un triduum de prières, devant le Saint-Sacrement exposé, pour le succès des armées françaises. Le Patronage s'unit à ces prières; la procession solennelle du vœu de Louis XIII se fit dans la cour, et le soir, au lieu du feu d'artifice habituel, Paris resta plongé dans l'obscurité.

De plus tristes jours devaient bientôt venir.

Le 25 août, fête de saint Louis, roi de France, un long convoi d'ambulances traversait Paris, depuis le Palais de l'Industrie jusqu'à la gare du Nord, partant pour rejoindre l'armée du Rhin.

Des prêtres, des religieux de tous les Ordres avaient leur place dans ce cortège, et la foule respectueuse les regardait défiler en silence.

Au milieu d'eux, les enfants du Patronage pouvaient reconnaître le Père Hello.

Mais laissons-le raconter lui-même ce départ et ses longs jours d'exil. Nous en trouvons le récit dans le *Moniteur des jeunes ouvriers*, il nous fera revivre ces tristes jours, sous la plume d'un de ceux qui en ont le plus souffert.

CORRESPONDANCE DE LA GUERRE

LE PÈRE HELLO AUX AMBULANCES

Bien chers amis,

Après un immense circuit, nous voilà arrivés à Montmédy, petite place forte, Mézières et Metz ; nous y restons jusqu'à nouvel ordre ; les armées sont à... lieues.

L'ambulance est composée de deux parties bien distinctes : corps médical, de bons enfants, gais, très convenables ; corps des infirmiers, excellent, avec l'abbé Lantiez ; et, sur la même ligne, un ministre protestant, excellent homme, plein de prévenance, de tact, et faisant très bon ménage avec nous. Je crois qu'il sera extrêmement utile comme infirmier ; il est muni d'une multitude de petits bibelots très ingénieux pour donner à boire, soigner, etc., etc.

Voici mes impressions de voyage. D'abord j'ai été saisi d'un sentiment de tristesse très vive quand je me suis séparé de vous et vu enrégimenté militairement sous les ordres d'un médecin en chef. On nous a fait dîner, moi et M. Lantiez, dans un restaurant vis-à-vis la gare du Nord ; mais après le dîner nous sommes revenus vers nos frères, qui dînaient dans un restaurant moins cher. J'aimerais bien mieux dîner avec eux, mais ce n'est pas l'ordonnance. Nous avons passé ensemble deux heures dans la gare ; là j'ai été heureux, j'ai confessé en pleine gare plusieurs de nos frères à genoux près de moi. M. Lantiez confessait aussi dans un autre endroit. J'ai fait de la direction avec quelques-uns. Pendant toute la nuit nous avons couru vers le Nord, puisque la ligne de l'Est est interceptée, et le matin du vendredi nous avons eu le chagrin de ne pouvoir dire la sainte Messe, mais nous avons pu faire maigre, quoique la loi ne nous oblige pas dans la circonstance.

Nous étions près de la frontière de Belgique, dans le département du Nord, cherchant un moyen de tourner vers le sud et pour nous rapprocher autant que possible de Metz par Mézières : deux trains nous ont conduits à cette dernière ville; mais en voiture ordinaire nous y serions arrivés aussi vite. Nous traversons de beaux pays, c'est la Lorraine. Un orage éclate et au premier coup de tonnerre un de nos chirurgiens se demandait très sérieusement si c'était le bruit de la bataille.

Nous sommes arrivés à Mézières; nous avons dîné dans un hôtel où tout le monde est chrétien; il y avait du maigre et du gras. Ce matin samedi, après avoir couché au séminaire, j'ai dit la sainte Messe dans la paroisse, charmante église romane, toute neuve, recueillie et pieuse. Excellent vieux curé, foule à la messe, autant de monde aujourd'hui samedi que le dimanche à Nazareth. La communion des infirmiers a édifié tout le monde et c'était vraiment très beau. Charleville respire la piété : j'ai l'air de vous dire que nous sommes à Mézières, mais nous sommes en réalité à Charleville, qui se confondrait avec Mézières, s'il n'en était séparé par la Meuse.

A dix heures, nous reprenons le chemin de fer pour aller aussi loin que possible vers Metz. Nous sommes arrivés à Montmédy. Je vous écris chez M. le curé. Nous coucherons ici ce soir et demain matin dimanche (28) nous dirons la sainte Messe.

Notre chef est monté à cheval, dit-on, pour explorer le pays et savoir où il nous conduira : il vient de télégraphier à Paris pour recevoir des ordres, et il nous a donné rendez-vous à l'hôtel à huit heures pour dîner. Toutes les dépenses sont faites par la Société; elles doivent être énormes, car nous sommes cinquante-cinq hommes, deux chevaux, un fourgon.

J'ai hâte d'être auprès des blessés, car je n'ai pas encore suffisamment confessé; quatre ou cinq infirmiers dans la gare, une confession en chemin de fer, et une autre dans la salle à manger de Charleville; cela ne compte pas.

Je pense constamment à vous tous, chers amis, et cette lettre vous est adressée à tous. Combien de fois par jour suis-je avec vous? Il faut être éloigné pour savoir combien on s'aime, et si je n'étais pas avec nos frères ici, je crois que je n'aurai pas la force de faire cette campagne. Cependant, depuis ce matin, voici un bon Père capucin qui s'en va tout seul depuis Mézières, sans provision, peut-être sans argent, courir tout seul à la suite de l'armée, sans protection, sans direction, absolument à la grâce de Dieu. C'est bien beau!

Et mes enfants! Ils me reviennent aussi souvent à la pensée. J'aurais aimé à en voir au moins un avec nous. Jusqu'à présent il n'y a aucun danger moral.

Nous avons pu jusqu'ici faire la prière du soir en commun avec les infirmiers et leur donner un sujet de méditation. Je vais les rejoindre au bas de la montagne, car je suis sur une petite montagne dominant une vallée riante.

Souvenir affectueux à tout le monde. Je ne suis pas fâché d'être parti, mais je voudrais être revenu au milieu de vous. Quelle fête nous ferons ce jour-là!

HELLO, prêtre.

27 Août 1870,

La publication du *Moniteur des jeunes ouvriers* ne tarda pas à être interrompue par les événements, mais peu de temps après la Commune, elle fut reprise, et le P. Hello y donna, sous les initiales L. O., un récit des épreuves du Patronage et des siennes que nous reproduisons intégralement.

NAZARETH PENDANT LA GUERRE

JOURNAL D'UN AUMONIER DE PATRONAGE PENDANT LE SIÉGE DE PARIS ET LA COMMUNE

Commençons notre histoire au jour de la Fête-Dieu, le 20 juin 1870. A cette époque on comptait de 260 à 280 présences chaque dimanche au Patronage, les jeux étaient pleins d'entrain, les journées magnifiques, les cris de joie éclataient dans la maison. On venait de loin voir jouer les enfants, on recevait de fréquentes visites d'étrangers, qui s'étonnaient de l'entrain des jeux, on demandait : D'où peut venir une pareille joie? On répondait : Elle vient de la pureté du cœur. Alors il n'y avait jamais moins de 50 à 60 confessions, jamais moins de 25 à 30 communions par dimanche. Plusieurs fois dans la bénie journée du dimanche on priait pour l'Église réunie en concile, on communiait pour elle, on s'empressait d'accueillir les nouvelles qui venaient de Rome. Nous fleurissions dans la paix et nous nous croyions invincibles.

Le 3 juillet, nous célébrions la Saint-Paul, fête de notre cher président général, avec un entrain extraordinaire.

Le 17, nous faisions notre dernière distribution de prix.

Au commencement du mois d'août plusieurs de nos grands et meilleurs enfants étaient déjà partis pour l'armée. Pauvres amis, ils étaient au camp de Châlons, dans la garde mobile, arrachés à leurs familles, et mêlés à des compagnons qui allaient au combat le blasphème à la bouche. Qui pourra dire nos souffrances et nos angoisses quand nous pensions à eux? Qui pourra dire leurs regrets quand ils pensaient à nous? Et nous pensions constamment les uns aux autres. Nous résolûmes, M. Vasseur et moi, d'aller leur faire une visite. En nous voyant, ils oublièrent pendant deux jours leur douleur et nous, la nôtre; nous nous croyions en promenade de dignitaires. Mais il fallut se séparer bientôt. La fête de l'Assomption s'approchait. Nous espérions, sous peu, faire la fête du retour, et nous embrasser à Nazareth. Le jour de l'Assomption, il y eut encore 281 présences et 130 communions.

C'était la dernière grande fête que je voyais avant de partir. Mes supérieurs m'avaient désigné avec l'abbé Lantiez et plusieurs de nos frères pour composer une ambulance de la Société internationale de secours aux blessés; d'un jour à l'autre nous attendions notre ordre de départ.

Le dimanche 21 août je donnai encore la sainte Communion à 102 enfants, et le soir j'entendis leurs chants pour la dernière fois avant de les quitter.

Le jeudi 25 août, nous partîmes avec l'ambulance. M. D....., plusieurs confrères et quelques enfants nous accompagnèrent jusqu'à la gare du Nord, et nous nous dîmes adieu, sans savoir quand se ferait la fête du retour.

L'abbé de Varax me remplaça au Patronage, et se partagea pour faire face aux besoins spirituels de l'œuvre et à ceux de l'armée de Paris pendant le siège. Presque tous nos jeunes gens de Châlons étaient rentrés dans Paris avant l'investissement, en sorte que l'œuvre du Patronage et le ministère de son père spirituel s'étendaient bien au delà des murs de Nazareth. Il aurait fallu être à la fois à Nazareth et à Montretout, à Nazareth et dans les forts, à Nazareth et à Champigny, à Nazareth et à Sedan.

Sedan m'échut en partage; le dimanche 4 septembre, 227 enfants se réunissaient, il y eut encore 23 communions. Au même jour, je disais la messe dans un pauvre village tout voisin du champ de bataille, où le curé, resté ferme à son poste, ne comptait plus que sept personnes de sa paroisse qui n'eussent pas pris la fuite. Quelques heures après, M. Lantiez et moi, nous commençâmes sur le champ de bataille notre ministère près des blessés.

Le dimanche 11, fête de Notre-Dame-de-Nazareth, 782 communions et 210 présences. Le lendemain, M. Lécrivain partait pour Tours avec une partie des membres du Gouvernement provisoire. Tous nos confrères étaient déjà partis. M. Vasseur resta seul avec M. l'abbé de Varax.

Le jeudi 22, je pus quitter l'ambulance, et je fis tous mes efforts pour regagner Paris. Je pris forcément le chemin des écoliers pour revenir de Sedan à Paris. Je passai par Namur, Bruxelles, Valenciennes, Lille Arras, Amiens, Rouen, Alençon, le Mans. Hélas! l'investissement était complet, je ne le savais pas encore positivement. Aussi du Mans, je tentai tout seul une pointe sur Paris. J'arrivai à Chartres, puis à grand'-peine à Rambouillet; j'aurais pu aller jusqu'à Versailles, mais après j'aurais été pris entre les deux armées, sans pouvoir pénétrer dans Paris. Je me résignai à revenir à Angers.

Je reçus l'hospitalité chez M. D....., directeur de Notre-Dame-des-Champs. J'y restai quatre longs mois. Le dimanche j'allai à Notre-Dame-des-Champs, et depuis le matin jusqu'au soir, je ne pensais qu'à Notre-Dame-de-Nazareth.

Je comptais les semaines, je me disais : Pour la Toussaint peut-être serai-je à Paris, mais, hélas!... J'appris, je ne sais comment, que M. Lécrivain était à Tours. A partir de ce moment, nous nous rendîmes quelques visites, qui nous firent du bien. Nous parlions de Nazareth, que nous regrettions autant l'un que l'autre.

A partir du dimanche 2 octobre, le Saint-Sacrement était exposé à Nazareth, depuis 8 h. 1/2 jusqu'à 5 heures. On faisait des prières publiques pour la paix.

Le dimanche 16 octobre, le fait saillant de la journée fut une visite de B..... et de P...., mobiles, qui vinrent donner des nouvelles des amis du 6e bataillon.

Enfin la Toussaint arriva; mes vœux n'étaient pas exaucés : mon exil durait toujours. Ah! que de fois je pensai au Patronage! — A Angers, pour me consoler, je donnai une retraite aux soldats casernés au grand séminaire. Elle fut suivie d'une belle communion; à Nazareth, malgré les troubles civils du 31 octobre, que chacun sait, il y eut 118 communions au patronage. Il y eut concert, il y eut loterie et la journée fut très bonne.

Dans le courant de novembre, M. Lécrivain me proposa d'envoyer, par pigeons, de nos nouvelles à Paris; nous rédigeâmes tous deux, à trente lieues l'un de l'autre, une missive, dont le nombre de mots était rigoureusement compté. — Je vous assure, qu'en pareil cas, il n'y a pas de paroles inutiles, et tous les mots disaient quelque chose. — On pria sans doute pour l'heureux voyage du précieux oiseau, car il arriva, et le dimanche 20 novembre, on eut des nouvelles de M. Lécrivain et du Père L. O.

Un matin, ce même Père L. O. traversait, avant six heures, par un froid intense, la place du marché d'Angers; il faisait une nuit profonde ; les marchandes n'étaient pas encore à leurs places habituelles, mais l'une d'elles s'y rendait. — Monsieur le curé, me crie-t-elle, monsieur le curé, une grande nouvelle! Une grande victoire! Paris est débloqué! l'armée de la Loire a culbuté les Prussiens; elle a rejoint l'armée de Paris. — Comment le savez-vous, bonne femme, lui dis-je? — Dans l'imprimerie du coin de la place, on a travaillé toute la nuit pour afficher la nouvelle dans tout le pays. Après ma messe, une grande affiche, d'un style inconnu avant le 4 septembre, annonçait la victoire. C'était une affiche sur papier blanc, une affiche officielle. Je la vis, je la lus et j'y crus; car on doit croire aux affiches officielles. Oui, en règle générale, mais il y a une exception, c'est quand elles sont faites par M. Gambetta.

Je vis aussitôt des troupeaux de bœufs emballés en chemin de fer, tout prêts à partir pour le ravitaillement de Paris. Je pensai très sérieusement à me déguiser en berger, marchand de bœufs, marchand de légumes, n'importe en quoi, et à m'embarquer dans un train de ravitaillement. — Hélas! hélas! au lieu de voir les bœufs partir pour Paris, je vis M. Lécrivain s'enfuir à Bordeaux avec le Gouvernement provisoire, avec l'auteur de l'affiche officielle et avec les bœufs que je rêvais d'accompagner à Paris. Tout fuyait, tout déménageait, excepté les Prussiens.

Noël approche, Noël arrive! j'avais tant espéré être à Nazareth pour Noël! A Angers, en voyant les préparatifs de la messe de minuit, loin de mon cher Nazareth, je me mis à pleurer comme un enfant. De toute la journée, je ne mis pas les pieds à Notre-Dame-des-Champs. Je craignais de voir des enfants qui n'étaient pas les miens.

A Nazareth, pas de messe de minuit, M. Vasseur était malade depuis trois jours. Un froid affreux ne permet pas de jouer dans le jardin Il n'y eut que 75 communions...

Janvier 1871.

On savait par les ballons que le bombardement avait commencé. Nous savions aussi dans chaque rue la chute des obus; les journaux de province l'indiquaient exactement. Le quartier Montparnasse, la rue

Notre-Dame-des-Champs, la rue de Vaugirard, la rue de Rennes, en étaient criblés. Chaque soir en me couchant, j'étais dans l'angoisse; et cependant le procès-verbal du jour des Rois porte : « A la maison, tout va bien, les enfants se montrent très bien disposés, plus pieux, confiants et résignés. Notre-Dame de Nazareth, priez pour nous, préservez-nous ! »

Le jeudi 12 janvier, de grand matin, un obus siffle de manière à faire croire qu'il va entrer dans la maison, il s'abat dans le terrain sablé pour la gymnastique, au pied de la statue de l'Ange Gardien; il s'enfonce à 2 mètres, éclate et ne fait de mal à personne.

Dimanche 15, 87 présences, 19 communions, l'adoration se fait parfaitement; à peu près tout le monde y va spontanément. A partir de ce jour, les réunions du soir sont suspendues.

Dimanche 22, le bombardement continue, le pain est rationné, on ne donne pas la collation ordinaire, les enfants apportent leur ration, et se demandent plaisamment : « As-tu apporté tes 300 grammes?... »

Le jeudi 26, pèlerinage à Notre-Dame-des-Victoires; on y prie avec beaucoup de ferveur, pour Paris, pour la France, pour les absents.

Enfin, l'armistice est conclu. Me voilà pour la troisième ou quatrième fois en quête de tous les moyens possibles de rentrer à Paris; j'écris à M. Lécrivain pour qu'il m'en procure, j'écris à M. Faÿ pour qu'il vienne me prendre, j'écris à M. de Bismark de m'envoyer un sauf-conduit, et sans attendre sa réponse, le lundi 8 février, je me jette dans un train qui était censé partir pour Paris. J'étais sans doute destiné, comme aumônier de Patronage, à faire, comme mes ouailles, mon tour de France. On me conduisit à Niort, à Poitiers, on me fit passer par le département de la Creuse, puis on remonta par Vierzon et Orléans; au bout de 48 heures de voyage, j'arrivais à Paris. Le cœur me battait fort, je n'avais pas de nouvelles de Nazareth depuis deux mois, je ne savais si la maison était debout et les habitants vivants. Aussi à onze heures du soir, en frappant à la porte, mon premier cri fut celui-ci : « N'y a-t-il personne de mort, le Patronage existe-t-il toujours?... »

Quand j'appris que pas un enfant n'avait reçu une égratignure, je manquai devenir fou de joie. A partir du dimanche suivant, on commença à se retrouver, et rien de saillant n'eut lieu jusqu'à la fête de Saint-Joseph.

C'était la fête du retour depuis si longtemps désirée. MM. Lantiez, Paillé étaient de retour; on avait de bonnes nouvelles de M. Vrignault; il y eut 118 présences et 79 communions. On célébrait très solennellement la Saint-Joseph, protecteur de l'Église universelle. C'était notre fête d'actions de grâces. Mais, hélas! Paris n'était pas converti, l'avenir était bien sombre, une seconde punition menaçait la ville coupable, la Commune était maitresse de Paris.

L'époque de l'année la plus précieuse du Patronage est sans contredit la semaine sainte. Le dimanche des Rameaux, malgré le danger imminent de ne pouvoir terminer la retraite annuelle, on en fit l'ouverture à Nazareth. Une moyenne de 135 enfants assistait aux réunions; on tremblait de voir les fédérés faire invasion dans la chapelle, car tous les jours on nous disait : Telle église a été envahie, telle autre a été pillée. Notre tour pouvait arriver d'instant en instant.

Le mercredi saint vers cinq heures du matin, on me sonne : C'est un garde national qui vous demande, me dit-on avec effroi : Monsieur, dit le garde national, plusieurs de mes enfants sont venus au Patronage, je viens de passer une partie de la nuit à courir dans les Communautés du quartier pour les avertir qu'elles prennent leurs mesures, car elles vont être pillées.

Tout ce que j'avais de précieux à la chapelle était caché depuis longtemps, je fis mes derniers préparatifs et j'attendis. Ils ne vinrent que la nuit suivante, à deux heures après minuit. Ils étaient bien cinquante hommmes armés jusqu'aux dents. Ils étaient conduits par deux capitaines, l'un tout jeune, et fort insolent, l'autre plus âgé et plus modéré. M. Vasseur et moi, nous leurs fîmes les honneurs de la maison. Ils cherchaient des armes que nous devions recevoir par des souterrains; il fallut descendre à la cave qu'ils furent très étonnés de trouver vide, le vieux capitaine en fut même édifié. Ils étaient sans doute accoutumés à voir au théâtre des pièces où il y a des brigands, des souterrains, des trahisons, car ils simulaient au naturel les précautions que prennent les brigands de théâtre. La maison était cernée, ils s'amusaient à faire feu sur le boulevard, et prétendirent que le premier coup était parti de la maison et dirigé contre eux. Tout le quartier fut en émoi, et le lendemain on me demandait si je n'étais pas mort.

Au bout d'une heure un quart d'investigations, de menaces et de vexations, le jeune capitaine me demanda un certificat de bonne conduite. Il s'agissait d'attester qu'ils n'avaient fait de mal à personne, ni rien volé. Je pouvais donner en conscience ce certificat, je le signai et même j'ajoutai quelques paroles flatteuses à l'adresse du vieux capitaine qui avait fini par être assez poli; le jeune les prit pour lui et me tendit la main en signe d'amitié : il va sans dire que je la lui serrai, mais sans lui dire au revoir.

Ces hommes avaient tenu M. Vasseur en état d'arrestation pendant une partie de la visite, et ils allaient l'emmener à l'Hôtel-de-Ville, quand un des petits orphelins qui couchent à la maison, embrassa

M. Vasseur en pleurant pour lui dire adieu. Tout communeux qu'ils étaient, les deux capitaines en furent touchés, et ils rendirent la liberté à M. Vasseur.

Ce même jour, le mercredi saint, M. l'abbé Planchat, qui s'était préparé au martyre en procurant les sacrements à plusieurs milliers de soldats et en distribuant plus de vingt mille francs d'aumônes, fut arrêté, mais il était mûr pour le ciel, et ses bonnes œuvres, loin de le préserver de la mort, lui méritaient la grâce du martyre.

Il ne me restait pas à la chapelle de Nazareth le nécessaire pour dire la messe : tout était caché chez des amis chrétiens, chez des enfants sûrs. J'allai faire la sainte communion à Notre-Dame-des-Champs : chez nous, pas d'office, pas de reposoir. Mais le soir les réunions de la retraite pascale avaient lieu, elles étaient suivies en moyenne par 135 enfants.

Le vendredi saint 7 avril, un décret de la Commune appelait sous les armes, tous les hommes de 19 à 40 ans. Il enveloppait ainsi une grande partie de nos jeunes gens, tous ceux qui le purent se sauvèrent; d'autres se cachèrent. A........, B....., C......., D... et G...... furent expédiés à Amiens où ils formèrent comme une petite colonie de Nazaréens.

Jamais dimanche de Pâques ne fut plus triste à Nazareth, la messe solennelle se dit les portes fermées, comme les apôtres au Cénacle; on osait à peine chanter; il y eut pourtant environ 155 communions et 204 présences. Le mardi de Pâques, M. Vasseur, menacé par le décret de la Commune, fut obligé de s'enfuir; il essaya de sortir par la porte de Montreuil, fut reconnu par le garde qui commandait les fédérés; on lui refusa le passage sans l'arrêter; il eut recours à un demi-déguisement, se rasa la barbe, prit des lunettes, monta en chemin de fer, et, la Sainte Vierge aidant, passa la barrière sans être inquiété. M. Maignen devait le remplacer au Patronage; grâce à notre grand âge nous n'étions pas sous le coup du formidable décret.

Le dimanche de Quasimodo, le danger devenait de plus en plus pressant; les exercices du Patronage se font comme à l'ordinaire jusqu'à trois heures. A cette heure, l'alarme est donnée dans le quartier; Saint-Jacques-du-Haut-Pas vient d'être pillée; à Notre-Dame-des-Champs on supprime les vêpres, chacun est invité à rentrer chez soi. Des personnes pieuses s'empressent de m'en avertir, et m'engagent à fuir. M. Maignen réunit les enfants dans la salle, je fais mettre en sûreté ce qui reste à la chapelle; A........, G...... et quelques autres enfants courageux me rendent en ce moment de vrais services; je vais dire adieu aux enfants réunis dans la salle : ils terminaient la prière, l'émotion était grande, parce qu'on ne savait pas quand on se reverrait.

Pour la première fois depuis sa fondation, le Patronage allait se fermer ; un grand nombre d'enfants accoururent à la chapelle Saint-Tharsice pour se confesser avant de me quitter. Les confessions entendues, j'introduis avec le plus de précaution possible dans la poche de devant de mon habit laïque un linge sacré contenant les saintes hosties ; trois enfants F......, A......... et R...... m'accompagnent à Vaugirard, et je dépose le Très Saint Sacrement à cette chapelle.

A Vaugirard, il y avait beaucoup moins à craindre pour nous. Le samedi suivant 22 avril, je confessai beaucoup à Nazareth, pour la clôture des Pâques ; des précautions étaient prises pour mon évasion si les fédérés arrivaient. Certaines portes étaient fermées, certaines autres étaient ouvertes, je devais, en voyant entrer ces messieurs, passer par les portes ouvertes, les refermer derrière moi, sauter par la fenêtre de la sacristie, et, en habit d'ouvrier passer, moyennant une échelle, par-dessus le mur de la cour et tomber dans les ateliers de Mme Decoster. Tout cela était convenu avec elle, mais je comptais bien plus sur la protection de la Sainte Vierge, et elle ne m'a pas manqué.

Les dimanches 23 et 30 avril se ressemblèrent beaucoup. Le Patronage était fermé ; néanmoins deux messes s'y célébraient ; quelques enfants y communiaient, M. l'abbé Lantiez, aumônier du Patronage de Grenelle, venait à Nazareth, et moi j'allais à Grenelle pour pouvoir dire en cas d'invasion : Je suis étranger à cette maison, je ne puis ni vous guider ni vous répondre. Dans l'après-midi, je revenais à Nazareth, j'y trouvais une douzaine d'enfants, nous causions, nous faisions la prière du soir, nous demandions l'écrasement de la Commune et nous avons été exaucés !

Vers la fin d'avril, la présence de deux prêtres à l'orphelinat compromettait la maison, il fallut aller demander l'hospitalité ailleurs. Dieu sait ni nous l'avons trouvée, et avec quelle grâce, quelle charité, elle nous fut offerte, à M. Lantiez et à moi ; tantôt nous allions chez un de mes frères, tantôt chez M. H......, si connu par sa charité, mais c'était chez M. Decaux que je me trouvais le mieux ; notre bien cher président avait mis à ma disposition un magnifique nid d'aigle, inaccessible aux simples mortels, à une grande élévation au-dessus du niveau de la mer. Combien je le remercie des bonnes nuits qu'il m'a fait passer.

Nazareth était le seul Patronage fermé, je n'y tenais plus. M. Decaux, M. Lantiez, M. Myionnet sont d'avis de le rouvrir, et en pleine terreur, il fut rouvert le 7 mai, 4e dimanche après Pâques. Il y eut une dizaine de communions, 25 ou 30 présences, plus une soixantaine de premiers communiants qui y entraient comme chez eux. Par prudence on ne garda pas le Saint-Sacrement, l'instruction remplaça le Salut, la journée fut très bonne.

L'armée de Versailles avançait, ses projectiles atteignaient la maison de Vaugirard : il fallut cacher au Cercle des jeunes ouvriers 50 petits orphelins dirigés par M. Myionnet.

Le jour de l'Ascension fut magnifique, 104 enfants assistaient à la messe, 70 y communiaient, le Saint-Sacrement fut conservé jusqu'au salut, les enfants y chantèrent comme s'il n'y avait pas eu de danger.

Dans la matinée de ce jour, je me trouvai dans une partie de la maison où j'observai le silence de mort qui régnait sur Paris; pas de voitures, les rues désertes, l'effroi et la mort partout. Je n'entendais que deux choses : à ma gauche, dans l'ouest, une effroyable canonnade aux remparts; à ma droite, dans le terrain, les cris de joie des enfants qui ayant communié le matin portaient en eux la source de la joie et de la vie.

Après le Salut je devais transporter le Saint-Sacrement chez les Sœurs de la rue Montparnasse, U... F..... porta chez elles mon habit laïque, et s'assura qu'il n'y avait pas de danger prochain à passer le boulevard, puis je partis avec G... A....., qui se tenait tout prêt à recevoir la sainte hostie si j'avais été arrêté.

Le mercredi 17 mai, on vint au Cercle m'avertir que l'on posait sur la chapelle le hideux drapeau rouge.

Le samedi 20, vers 4 heures, M. Lantiez vient à mon confessionnal m'avertir que trois insurgés visitent le Cercle, qu'il part et que je ferais bien d'en faire autant. Je me cachai deux ou trois heures chez M. H..., personne ne vint.

Le dimanche 21 mai, il y eut 70 présences, 8 ou 10 communions; le soir à 5 heures nous faisions notre prière ordinaire, on devine facilement ce que nous demandions, et en même temps l'armée de Versailles entrait... par une porte ouverte...

Nisi Dominus custodierit civitatem, frustra vigilat qui custodit eam.

Le soir, dans certains quartiers de Paris, circulait la nouvelle d'une défaite complète de Versailles.

Mais la nuit, je suis réveillé par la générale; je ne savais rien, mais je me berçais dans l'espoir que la Commune était dans l'inquiétude, et je me rendormis paisiblement. Vers trois heures, au point du jour, nouveau réveil, c'est la générale, c'est le rappel, c'est le tocsin... Il faut avoir passé par la Commune pour comprendre ma joie de la savoir à l'agonie. Je me réjouissais, je crois que j'ai ri tout seul, la joie m'empêcha de dormir : jamais le tocsin n'a causé tant de bonheur, ce n'est pas dans sa nature ni dans ses habitudes.

Le lundi 21, M. Decaux venant à la chapelle du Cercle pour entendre la messe, me serre la main en me disant : Versailles est à Paris.

Je n'en finirais pas s'il fallait entrer dans les détails de ces trois jours qui pourtant ne manquent pas d'intérêt. Pendant 50 mortelles heures les balles, les obus, les biscaïens, la mitraille pleuvaient autour de nous; on cachait au Cercle les pauvres orphelins derrière leurs matelas.

Nous avions des provisions pour six jours, c'était long de passer six jours dans une pareille position.

Mais la provision qui nous manquait, c'était le pain eucharistique; le mardi, 23 mars, nous ne pûmes ni dire la messe, ni communier. Dans les situations les plus affreuses, il y a quelquefois du grotesque. Pour charmer ses loisirs du lundi après midi, M. L... entreprit de faire des hosties. Il réquisitionna toute la batterie de cuisine, il chercha à se rappeler tout ce qu'il n'avait jamais appris sur la manière de faire du pain sans levain, et après maints essais parfaitement inutiles, il parvint à faire une espèce de gâteau détestable. Le côté triste, c'est que nous fûmes privés de la sainte communion.

Pendant la journée du lundi, le concierge de la maison et un jeune homme qui ne peut marcher qu'au moyen d'une béquille, entr'ouvrirent la porte du boulevard Montparnasse, pour voir ce qui s'y passait : à peine la porte est-elle entr'ouverte, qu'une balle passant au milieu de leurs jambes, s'en va casser justement celle qui était en bois. Il va sans dire que la porte fut refermée de suite.

Pendant la nuit, les coups de fusil se succédèrent sans aucune interruption; une lueur sinistre annonçait un incendie, on ne savait pas quel monument brûlait.

Dans l'après-midi du mardi, nous fûmes pris entre trois feux : ce n'était plus seulement comme la veille, entre le feu de la gare Montparnasse et celui de l'Observatoire, mais l'armée de Versailles se battit dans le cimetière, et les projectiles nous arrivaient en passant par-dessus le boulevard d'Enfer. Pendant cette terrible journée du mardi, on ne pouvait plus distinguer la fusillade du cimetière de celle du boulevard Montparnasse, les balles frappaient tout autour de nous et entraient même dans la maison. Il fallut prendre beaucoup plus de précautions que la veille. Le soir, la lueur rougeâtre éclairait encore Paris.

La nuit du mardi au mercredi ressembla beaucoup à la précédente, avec cette différence que dans la maison voisine du Cercle, quatre obus venaient de blesser trois personnes qui se trouvaient sans pain et sans secours; M. Lantiez y porta des provisions pour le corps, et la grâce pour les âmes.

Pendant ce temps, comme la position n'était plus tenable, je me rendis dans la grande salle qui donne sur le boulevard d'Enfer; et avec les plus grandes précautions, je m'assurai de l'état de ce boulevard; je vis passer en quelques minutes cinq personnes : donc, on pouvait circuler et peut-être gagner Vaugirard par là. Il fut décidé que j'irais en éclaireur, mais à peine sorti de la maison, j'aperçus par-dessus la porte du cimetière, des têtes de soldats de Versailles, qui me dirent : « Nous sommes les maîtres par ici. »

Un peu plus loin, un commandant me dit que nous pouvions passer avec nos orphelins, que l'armée libératrice occupait tous les quartiers jusqu'à Vaugirard.

J'appris aussi que Montmartre et l'Hôtel-de-Ville étaient au pouvoir de l'armée de Versailles.

Les orphelins firent en hâte leurs petits paquets de choses les plus indispensables, et nous nous jetâmes vers nos libérateurs. C'était le mercredi, 24, fête de Notre-Dame de Bon-Secours. A Vaugirard, notre premier soin fut de dire la sainte Messe.

Vers midi et demi, j'étais dans les greniers de la maison; de là, je dominais Paris, j'écoutais la fusillade qui durait toujours au boulevard Montparnasse, et je contemplais l'incendie de Paris. Nous comptions huit ou dix feux énormes, et bientôt leur fumée se réunissant ne forma plus qu'un immense rideau gris sur l'horizon. Je voyais distinctement le Panthéon, qui se détachait sur la fumée, lorsque tout à coup un globe immense de feu, s'élevant avec la rapidité de l'éclair deux ou trois fois plus haut que le Panthéon, me fait croire à l'explosion des poudres qui se trouvaient dans ses caveaux; au bout de huit ou dix secondes, une effroyable détonation jette partout la terreur, c'était la poudrière du Luxembourg qui sautait. Un globe de fumée blanche monte jusqu'à la région des nuages et déroule dans l'espace des tourbillons d'une majesté incomparable.

Le soir, revenu à Paris au milieu de l'armée de Versailles, j'étais au Cercle pour procurer du pain aux vieillards de la maison de Nazareth, s'ils en avaient manqué; l'explosion avait brisé vitres, portes, fenêtres et cloisons; des débris, des balles, des biscaïens, du verre cassé jonchaient la chapelle de Nazareth. Au loin on entendait le combat; la barricade de la rue Vavin était prise, plusieurs maisons voisines étaient en feu, et les grands monuments brûlaient toujours. Les orphelins étaient à Vaugirard avec ceux qui les dirigeaient, j'avais peur de me trouver seul dans Paris incendié; et pendant que j'étais à me demander dans quelle maison je passerais la nuit, l'abbé Chaverot qui était entré avec l'armée de Versailles, vint faire cesser toute hésitation. Un conseil de guerre fonctionnait au Luxembourg; à chaque instant on arrêtait des insurgés ou des incendiaires, les caves du Palais regorgeaient de prisonniers, et l'on fusillait dans le jardin ceux qui étaient condamnés à mort; pendant 48 heures, quatre prêtres remplirent l'effroyable ministère de confesser et d'accompagner les condamnés au lieu du supplice. Un bon nombre d'entre eux firent leur confession, quelques-uns refusèrent opiniâtrement de dire même un *Ave Maria*, même de baiser le Crucifix!... L'exécution de ces derniers était un martyre pour nous; nous leur proposions le salut, l'entrée du Ciel, l'absolution, et ils refusaient; ils mouraient dans la haine comme ils avaient vécu. On les fusillait quatre ou six à la fois, la décharge les renversait, mais ne les tuait pas toujours sur le coup, et ils tombaient en criant ou en hurlant, et il fallait les achever. Les exécutions de nuit étaient éclairées d'un côté par la lune à son premier quartier, de l'autre, par l'incendie; elles étaient accompagnées du bruit du combat dans le lointain, et du long mugissement des grands monuments qui s'écroulaient. C'était un horrible spectacle, mais la pensée de ceux qui tombaient en enfer était plus effroyable encore.

Cependant, nous avons eu des consolations : un condamné, avant la confession, se jette aux pieds de l'abbé Riche et lui dit : « Je suis condamné à mort, mais je l'ai bien mérité, j'ai fait un grand crime! — Qu'est-ce donc, mon enfant? l'avez-vous avoué tout à l'heure devant le tribunal? — Non, on ne le connaît pas. — Eh bien, mon enfant, peut-être obtiendrez-vous votre grâce, ou une commutation de peine; rentrez au tribunal, avouez votre crime. » Le condamné obéit il avoue qu'il a mis un tonneau de poudre sous l'autel de Notre-Dame, un autre sous la chaire, ou dans les caves, puis du pétrole en divers endroits. On envoie un exprès au galop pour s'assurer du fait, et sauver, s'il se peut, l'antique métropole; le condamné avait dit vrai : sa peine fut commuée, et Notre-Dame est encore debout!...

Du petit réduit où nous confessions les condamnés, j'entends dans la foule du bruit, des hourras, des cris de mort : c'est un colonel de la Commune qui vient d'être arrêté; on le conduit ou plutôt on le jette dans la salle où l'on juge. Au bout de quelques minutes, on me l'amène en lui disant : « Tenez, voilà le seul homme (en me désignant) qui puisse avoir pitié de vous sur la terre. »

Le pauvre jeune homme, Polonais de naissance, était d'une bonne famille; il avait reçu une éducation soignée, il avait une vingtaine d'années, il était en proie à une émotion très vive, il pouvait à peine me parler. Il écrivit un mot à son frère, puis quand il fut un peu revenu à lui, il se jette à mes pieds, la foi de son enfance se réveille, il fait de tout cœur sa confession. Pendant l'absolution, il était prosterné à terre, et après nous être dit adieu, il fut entraîné au supplice. Pauvre jeune homme! il avait une âme très aimante, des manières très distinguées, mais il avait été trompé; s'il avait reçu les mêmes grâces que nous, il aurait consacré sa vie aux œuvres d'ouvriers, et il avait de quoi devenir un saint.

Un grand vieillard vient d'être condamné à mort, il est aux pieds de l'abbé Riche, il se confesse. Mais à peine y est-il qu'on vient le chercher, on le rappelle dans la salle des jugements; on vient de trouver des circonstances atténuantes, on le rappelle pour lui dire que sa peine est commuée : il sort de la salle, revient pour achever sa confession, et elle n'était pas encore finie, qu'il est rappelé une seconde fois dans la même salle. Un soldat venait de dire : « Ce grand-là m'a sauvé la vie à la barricade. » Un second soldat ou sergent de ville rend le même témoignage, puis un troisième, enfin six témoins à décharge affirment qu'il leur a sauvé la vie. Sa condamnation à mort est changée en une grâce complète, j'entends crier : « En liberté, en liberté! » Le grand vieillard sort tout radieux, mais je me trouve sur son passage, et je savais que la confession ayant été interrompue, l'absolution n'était pas donnée; je l'arrête et je le fais rentrer dans le cabinet des condamnés à mort, pour recevoir après le pardon des hommes celui de Dieu; au bout de deux minutes, il sortit et traversa la foule en paix avec Dieu et avec les hommes qui le félicitaient et lui serraient la main.

Ce même jour, vendredi 26, l'Œuvre des Patronages eut un aumônier martyr, l'abbé Planchat reçut sa couronne. Le dimanche, 28, fête de la Pentecôte, 127 enfants sortant sains et saufs de cette pluie de feu nous arrivent, 49 communient. Pas un seul dimanche ne s'est passé sans communion, il y en a eu au moins cinq, même quand le Patronage était fermé.

M. Vasseur était revenu depuis trois jours. Tout le monde petit à petit, excepté un pauvre enfant, le seul qui aimât l'horrible Commune et qui prit sérieusement sa défense, le pauvre enfant a disparu dans ce tourbillon de feu, sans que jamais on ait pu avoir de ses nouvelles.

Pendant deux mois environ, deux compagnies de l'armée de Versailles furent casernées au Patronage.

Le jour de la Fête-Dieu, ces braves s'approchèrent en partie de l'Eucharistie, un piquet d'honneur accompagnait le Saint-Sacrement à la procession, nous n'avons eu qu'à nous louer de leur présence à l'Œuvre.

Bénissons Dieu de nous avoir gardés; la tempête a détruit bien des institutions qui semblaient plus fortes que la nôtre. Il y a eu bien des ruines et nous sommes encore debout, pleins de vie et de jeunesse, pleins de force et confiance.

La veille de Noël, nous n'étions pas trop de quatre confesseurs à la chapelle, 200 enfants ont communié à l'occasion de la fête. C'était un ancien d'entre eux qui avait reçu l'avant-veille le caractère sacerdotal et qui venait de distribuer le pain de vie, là où il l'avait tant de fois reçu il y a dix ans. Et en ce moment, malgré la Commune, malgré l'athéisme, malgré l'enfer, il y a six jeunes gens de Nazareth au noviciat des Frères de Saint-Vincent-de-Paul. A quelqu'un qui s'étonnait naguère de me voir m'occuper encore de la classe ouvrière, j'ai répondu, et vous l'auriez répondu à ma place : Si je ne m'en étais pas encore occupé, je croirais le moment venu de lui consacrer ma vie. Oui, la conversion des ouvriers, c'est la condition indispensable du salut de la France, c'est la préparation du triomphe de l'Église.

L'abbé L. O.

Ainsi s'exprime le P. Hello, dans ces pages où nous retrouvons son âme tout entière.

Qu'y a-t-il d'étonnant, si après ces grandes épreuves et ces grands deuils, la première fête célébrée au Patronage fut celle de la Saint-Émile?

Elle le fut, il est vrai, dans l'intimité et sans éclat extérieur, mais la joie de se revoir était si grande!

Le Patronage avait alors une certaine allure militaire. Quarante soldats logeaient dans la grande salle et fraternisaient avec les Nazaréens.

Le dimanche suivant, 11 juin, Fête-Dieu, il y eut procession comme les années précédentes. On supprima seulement le reposoir de la grande salle, occupée par les militaires. En revanche, ces bons soldats, devenus de vrais enfants de Nazareth, assistèrent à la procession et fournirent un piquet d'honneur qui escorta le Saint-Sacrement, en armes, tandis que quatre sergents portaient le dais, et que les tambours et les clairons battaient et sonnaient aux champs.

Cette belle procession militaire, on la revit encore l'année suivante à Nazareth. Le matin, M. de la Coste, ancien confrère, ordonné prêtre, avait célébré pour la première fois la sainte messe au Patronage Le soir, il présidait la procession. Une musique militaire marchait en tête, et un piquet du 14ᵉ cuirassiers, sabre au clair, escortait le Saint-Sacrement.

On n'a pas revu depuis pareil spectacle. Les leçons du malheur n'ont pas longtemps profité à notre pays.

Cet élan de foi et ce réveil religieux qui suivirent l'invasion et la Commune eurent leur contre-coup au Patronage.

Tandis que le *Cercle des jeunes ouvriers*, désormais *Cercle catholique d'ouvriers de Montparnasse*, devenait le foyer d'un grand mouvement religieux, le Patronage de Notre-Dame de Nazareth voyait s'accroître le nombre de ses membres en 1872 et 1873. Le jeudi de l'Ascension, 1873, on comptait 345 présences, chiffre qui n'avait jamais été atteint auparavant.

Tout réussissait alors.

C'est le commandant militaire de la Place de Paris, le général de Geslin, qui présidait la distribution des prix.

Mᵍʳ Guibert, qui venait remplir, sur le siège archiépiscopal de Paris, la place laissée vide par Mᵍʳ Darboy, victime de la Commune, faisait, le 8 septembre 1872, sa première visite à Nazareth.

Le 26 janvier 1873, la réunion générale des Conférences de la circonscription avait lieu à Nazareth, sous la présidence de M. Baudon. Près de cent membres de la Société de Saint-Vincent de Paul y assistaient.

Puis, commencent les grands pèlerinages.

Le 11 mai 1873, plusieurs Nazaréens partent pour Lourdes.

Le 19 juin, quatre jeunes gens vont représenter le Patronage au grand pèlerinage national de Paray-le-Monial. Ainsi commençait le mouvement de résurrection des pèlerinages qu'un « petit homme d'État » ne croyait plus dans nos mœurs.

Tout l'élite de la noblesse française rivalisait d'ardeur pour témoigner aux OEuvres catholiques d'ouvriers son traditionnel dévouement.

La distribution des prix de 1873 était présidée par M. de Belcastel, membre de l'Assemblée nationale, entouré du marquis de Dreux-Brézé, du comte de Beaufort, etc.

La tente dressée dans la cour fut emportée par le vent, mais on resta ferme au poste d'honneur et des nuages sans pluie vinrent tout exprès, préserver du soleil la nombreuse et brillante assemblée.

Nous ne finirions pas, si nous voulions énumérer la série ininterrompue des solennités religieuses et des fêtes qui remplissent ces années ainsi que les visites d'évêques et de notabilités catholiques qui se succèdent au Patronage.

Nous n'entreprendrons pas davantage de suivre l'ancienne Association des jeunes ouvriers, devenu le cercle Montparnasse, dans l'histoire de ses développements.

D'ailleurs, à partir de 1874, M. Maignen, qui avait gardé jusqu'à la guerre le titre de directeur du Patronage, et qui le partageait avec M. Vasseur, dans les trois années suivantes, cessa désormais de le prendre, et resta uniquement directeur du cercle Montparnasse. Jusqu'à cette époque, la fête du directeur de Nazareth était toujours la Saint-Maurice, que l'on célébrait au Cercle.

C'est en 1874, le 2 août, que fut célébrée pour la première fois la fête de saint Alphonse et que M. Vasseur prit seul le titre de directeur du Patronage, dont il exerçait les fonctions depuis plus de dix ans.

Cette même période vit la maison de Nazareth s'augmenter d'une institution nouvelle.

Au mois de janvier 1872, fut fondée une maison de famille d'apprentis.

Le Cercle avait déjà sa maison de famille d'ouvriers, depuis 1860. Il en fallait une pour les apprentis orphelins ou sans famille à Paris.

L'usage de loger les apprentis chez les patrons, que nous avons trouvé en vigueur au Patronage de la rue du Regard, usage d'ailleurs plein de dangers moraux et d'abus de toutes sortes, avait disparu. C'est désormais au Patronage que devra loger l'apprenti sans parents.

. Un prêtre éminent, M. l'abbé Thenon, qui entretenait depuis longtemps d'intimes relations avec M. Le Prévost et les Frères de Saint-Vincent de Paul, pensa, d'accord avec M. Lantiez, alors supérieur de Nazareth, qu'il convenait que les enfants appartenant à des familles plus aisées prissent à leur charge cet asile ouvert aux pauvres apprentis.

La maison de famille de Nazareth, fut l'œuvre principale de la Conférence de Saint-Vincent de Paul de l'École Bossuet, dont M. Thenon était fondateur.

Les apprentis, trouvant au Patronage l'enseignement religieux et l'éducation chrétienne, continuaient à travailler au dehors dans les ateliers.

C'était une résurrection de l'Œuvre des orphelins apprentis de la rue Copeau.

M. Le Prévost avait toujours regretté la disparition de cette petite œuvre de vingt apprentis, dont il s'était occupé au début de sa carrière charitable.

Le système de l'apprentissage externe avait pour avantage de former de meilleurs ouvriers, habitués au travail des ateliers parisiens, moins exposés aussi à l'entraînement des mauvais exemples contre lesquels ils sont obligés de lutter, dès l'apprentissage.

Cette institution des maisons de famille a été établie depuis dans la plupart des Patronages où la direction peut se charger d'un tel fardeau; car c'en est un, d'avoir à se substituer ainsi à la famille absente et d'exercer une surveillance continuelle sur les jeunes gens.

La responsabilité des directeurs est bien plus engagée, vis-à-vis de ces enfants, habitant la maison de Patronage, que vis-à-vis des apprentis qui viennent y passer la journée du dimanche; et le mal peut être bien plus grand, si une extrême vigilance ne vient pas écarter, autant que possible, les dangers auxquels ce genre d'œuvres est exposé.

Là où elle existe, il faut tendre à ce but, que les enfants de la maison de famille soient dignes d'être proposés en exemple à tous les autres patronnés et puissent y remplir les charges qui sont la récompense du mérite et qui supposent le plus complet attachement avec le plus entier dévouement à l'œuvre.

Un grand deuil vint frapper en 1874 la famille de Saint-Vincent de Paul et le Patronage de Nazareth.

Ce fut la mort de M. Le Prévost, fondateur de toutes nos OEuvres et Père de la Congrégation qui s'est consacrée à leur service. Il mourut le 30 octobre 1874.

Le jour de la Toussaint, le *De Profundis* fut chanté à son intention dans cette chapelle de Nazareth, qu'il avait conquise au prix de tant de fatigues et où il était, pour la première fois, monté à l'autel.

Le dimanche, 8 novembre, une messe, dite pour le repos de son âme, attira un grand concours de patronnés et d'amis.

Quand mourut M. Le Prévost, l'OEuvre du Patronage, à laquelle il avait travaillé, dès l'origine, était complètement sortie de la période de formation et d'organisation qu'elle avait si lentement traversée. Elle était en possession de toutes ses institutions, de tous ses règlements et de ce qui fait la force et la gloire d'une association, aussi bien que d'un peuple, de ses traditions et de son esprit.

Aussi n'avons-nous plus de fondation, ni d'institution nouvelle à enregistrer à partir de cette époque. C'est le fonctionnement régulier, le développement normal d'une institution établie qui n'a plus à chercher sa voie, mais à la suivre.

Nous ne saurions cependant passer sous silence une tentative qui, si elle n'a pas réussi, a cependant trop d'importance pour n'être pas signalée.

M. Maignen, en quittant la direction du Patronage, ne s'était pas borné à donner au Cercle Montparnasse sa forme et sa constitution définitive comme il l'avait donnée au Patronage. Il voulait aller plus loin.

Ce n'était pas assez d'avoir ouvert le dimanche, à l'apprenti et à l'ouvrier chrétien, un asile où ils pussent se reposer des luttes quotidiennes de l'atelier, ne plus entendre de blasphèmes, de propos licencieux, de chansons obscènes ; M. Maignen voulait conquérir cet atelier corrupteur, dont l'influence détruit si souvent l'action du Patronage ou du Cercle.

Il voulait, profitant du groupement de patrons, d'ouvriers et d'apprentis chrétiens, accompli déjà par le Patronage de Nazareth et le Cercle Montparnasse, former avec eux des Corporations, recruter des ateliers, où les patrons auraient pu n'employer que des ouvriers du Cercle et des apprentis du Patronage.

C'était une belle et grande pensée, complément naturel de tout ce que l'œuvre avait fait depuis trente ans. L'atelier sanctifié, c'est la persévérance rendue facile à l'apprenti, c'est le salut presque assuré à l'ouvrier, c'est l'honneur et l'intérêt du patron.

Mais pour atteindre ce but, il eût fallu la plus entière unité de vues, entre tous ceux qui devaient coopérer à cette œuvre; il eût fallu que Cercle et Patronage pussent réunir un ensemble suffisant d'ouvriers pour constituer le personnel complet d'un atelier au moins pour chacune des principales professions.

Il y eut de généreuses tentatives, couronnées même d'un commencement de succès, mais l'effort ne fut pas soutenu.

Les divergences de vues ne sont pas rares parmi les hommes d'Œuvres, et rendent souvent difficiles les entreprises plus vastes, auxquelles ne peut suffire le travail d'un seul.

C'est beaucoup quand, en pareil cas, la charité et l'union des cœurs survivent au débat.

« Heureusement, écrivait M. Maignen, nous sommes religieux, nous vivons en communauté et nous avons des supérieurs pour nous éclairer et nous conduire.

« Nous aurons fait un bon Patronage et un bon Cercle.

« Mais après?...

Consolons-nous cependant, car ce petit peu est encore beaucoup devant Dieu, et si nous l'avons fait selon sa volonté et seulement pour sa gloire, cela comptera du moins pour notre propre salut. »

Ainsi, les pensées de foi et l'humilité chrétienne consolaient M. Maignen de n'avoir pu mener à son terme l'œuvre de la sanctification des ouvriers. Il n'était pas, sans doute, dans les desseins de la Providence, que ce siècle, dont un illustre Prince de l'Église a pu dire qu'il était le siècle des « avortements », vit s'accomplir une œuvre aussi grande et aussi décisive pour le salut du peuple ouvrier.

Du moins, le Patronage et le Cercle restent-ils comme les

pierres d'attente de cet édifice, qu'élèvera, s'il en est digne, le siècle qui vient.

Si elles n'ont pu réformer l'atelier et christianiser le travail moderne, ces deux Œuvres ont fondé des familles d'ouvriers chrétiens. A partir de 1872, on voit apparaître sur les procès-verbaux de l'Œuvre, les mentions fréquentes des naissances de nouveaux petits nazaréens.

Elles sont nombreuses, car les familles chrétiennes se multiplient et, dès leur entrée en ce monde, les « petits chéris » écrivent à M. Vasseur pour se faire inscrire au Patronage par la plume de leur papa.

Les jeunes ouvriers qui sont restés au Patronage jusqu'à leur mariage forment, depuis 1877, une section spéciale. C'est à eux que Nazareth doit cette couronne de petits enfants.

Mais ce n'est pas encore la plus belle de ses gloires. Nazareth donne aussi à l'Église des religieux et des prêtres; anciens patronnés ou anciens confrères, ils viennent se succéder à l'autel où M. Le Prévost célébra sa première messe. Il y eut même une ordination à la chapelle de Nazareth, le 10 juin 1876 : c'était celle de M. Jules Pialot, qui célébrait le lendemain sa première messe au Patronage, assisté de M. l'abbé de La Coste, ancien confrère de Nazareth.

M. Jules Pialot était venu, petit écolier, au Patronage; sa courte vie fut celle d'un saint, et il mourut en laissant aux Frères de Saint-Vincent de Paul, le parfum et l'exemple de ses angéliques vertus.

Que pourrons-nous ajouter à ce tableau des fruits de Nazareth?

Parlerons-nous des grands pèlerinages accomplis par les dignitaires, grâce au dévouement et à la générosité d'un confrère, M. Bertrand Lécrivain?

Ils partent pour Lourdes, le 9 mai 1875; pour Sainte-Anne d'Auray, le 6 août 1876.

Nous n'entreprendrons pas le récit de ces pèlerinages, où la piété et l'entrain règnent sans partage. Il en est un cependant dont nous voulons faire une mention exceptionnelle; c'est le premier pèlerinage ouvrier à Rome. Nazareth, en cela encore, eut l'initiative du mouvement qui, dix ans plus tard, amenait des foules au tombeau des apôtres.

Pie IX était mort; Nazareth avait profondément ressenti la douleur de l'Église, en voyant disparaître ce grand Pape dont le nom dominera le siècle et qui avait béni, dès l'origine, l'humble Patronage des apprentis. On s'était promis, depuis trois ans, d'aller se prosterner aux pieds du Pape de l'Immaculée Conception, du Syllabus et du Concile. Sa mort trompa ces espérances. Tous auraient voulu voir le nouveau Pape, et donner à Léon XIII un témoignage de fidélité et d'amour, en rapport avec les progrès que le Patronage avait accompli depuis l'offrande envoyée à Gaëte en 1846.

Le même généreux bienfaiteur donna les moyens de satisfaire la piété des Nazaréens qui, depuis trois ans, faisaient des économies et des prières en vue de ce lointain voyage.

Le récit du pèlerinage à Rome a été publié; aussi ne reviendrons-nous pas sur les détails de la visite des sanctuaires : nous insisterons seulement sur l'audience.

Le mercredi 7 mai 1879, les pèlerins de Nazareth, au nombre de vingt-trois, assistaient à la messe du Saint-Père, et communiaient de sa main.

Après la messe, M⁰ʳ Macchi les conduisit dans un salon voisin. Chaque pèlerin tenait à la main une carte indiquant son nom, son âge, sa profession et le nombre d'années passées au Patronage.

« Le Saint-Père paraît, tout le monde est à genoux. Le Pape s'arrête à chacun d'entre nous et l'appelant par son nom, l'interroge sur son état, sur sa famille; il s'informe du gain quotidien et donne à chacun un conseil tout paternel. Mais, aux premiers instants, le saisissement nous empêchait de répondre distinctement. Alors le Pape nous fit lever et sa bonté admirable, sa paternité nous mit tellement à l'aise que prenant assurance, nous lui baisions à chaque instant les pieds et les mains, et le Pape répondait à ces marques de respectueuse tendresse avec une bonté des plus touchantes.

« Le directeur du Patronage lui recommande la formation des

ateliers chrétiens, et l'émotion l'empêche de terminer sa phrase ; mais le Pape, s'intéressant vivement à cette formation, demande des explications, l'encourage et bénit avec une tendresse spéciale ces ateliers, et toutes les personnes qui facilitent leur développement

« Le Saint-Père continuait à nous parler ; nous lui parlions en nous mettant instinctivement à genoux. Trois d'entre nous recommandent à ses prières leur vocation, en disant que le principal but de leur pèlerinage à Rome, c'est de connaître les desseins de Dieu sur eux. D'autres recommandent au Saint-Père la conversion de leurs parents. Plusieurs pleuraient d'émotion et de joie.

« Il y avait environ trois quarts d'heure que nous étions avec le Saint-Père ; on avait parlé de l'Université catholique de Paris, des dangers qu'elle courait, des différents métiers exercés par les pèlerins, lorsque le cardinal Nina, secrétaire d'État, vint, comme tous les matins, travailler avec le souverain Pontife. En nous voyant, il s'écria en italien : « Quelle belle couronne vous avez aujourd'hui, Saint-Père ! » et le Pape de lui dire qui nous étions : « Ces figures me plaisent, ajoute Sa Sainteté, » puis avec une bonté toute paternelle, le Pape continue à s'entretenir avec nous.

« Tout à coup, X... se précipite aux pieds du Saint-Père, en lui recommandant la conversion de deux personnes qui lui étaient bien chères, et ses sanglots étouffaient sa voix ; il fondait en larmes, il pouvait à peine parler ; plusieurs de ses amis pleuraient, et l'un d'eux surtout, dans une embrasure de fenêtre laissait échapper des sanglots qui remplissaient la salle ; l'émotion était profonde, le cardinal pleurait, le jeune homme, toujours aux pieds du Saint-Père, pleurait à chaudes larmes ; cette scène qui dura deux ou trois minutes était sublime : le Pape tenait entre ses mains vénérables la tête et les mains du jeune homme prosterné, et puis l'émotion s'étant communiquée au Souverain Pontife, en répondant, sa voix tremblait.

« Enfin, relevant le jeune homme, Léon XIII lui passe le bras droit autour du cou et l'emmène. Au bout de cinq minutes, le jeune homme rapportait de magnifiques souvenirs pour tous les pèlerins; c'étaient des médailles de bronze, d'argent, des camées montés sur or, dans de beaux écrins. Ces présents étaient vraiment royaux.

« Pendant tout ce temps-là, le secrétaire d'État s'entretenait avec les pèlerins, leur témoignant une bonté charmante; il attendait pour parler des affaires de l'Église catholique, que celles du Patronage de Nazareth fussent terminées. Que de simplicité et que de grandeur!

« Le Saint-Père semble, en ce moment, vouloir nous donner sa dernière bénédiction, pour nous congédier, puis, tout à coup, Sa Sainteté nous rappelle :

« Venez voir les appartements privés du Pape. » Au moment où nous allions entrer, M{er} Macchi fit signe au Pape que le ménage n'était pas fait. Alors le Saint-Père nous arrête (nous n'avions pas un garde, pas un domestique avec nous), range lui-même ses meubles, tire les rideaux de son lit, puis nous fait entrer. Nous étions pour quelques instants dans l'intimité d'un Roi! Nous étions de plus en plus à l'aise. Nous visitons le cabinet de travail, la chambre à coucher, la bibliothèque, le salon particulier du Saint-Père; puis enfin, nous recevons ses derniers conseils.

« Au moment de partir, Sa Sainteté nous demande si nous voulions voir ses jardins; on devine notre réponse.

« M{er} Macchi dit un mot au Saint-Père. C'est vrai, ajoute le Pape, il est tard, ces chers enfants doivent être fatigués. Mais qu'ils reviennent après déjeuner. Puis le Souverain Pontife nous congédie en nous donnant sa dernière bénédiction.

« Dans le cours de l'audience et à plusieurs reprises, le Saint-Père insista pour que notre exemple fût suivi par d'autres corporations ouvrières, manifestant le plaisir qu'il aurait à les voir. A nous-mêmes, il nous dit : « J'espère que vous vous souvien-« drez de Léon XIII et que vous reviendrez voir le Pape ».

On devine quelle put être la joie et l'émotion des pèlerins, après une pareille audience.

Le désir du Pape fut entendu.

En 1882, un groupe d'ouvriers du Cercle Montparnasse se

rendit à Rome et fut reçu en audience par le Saint-Père.

Le Pape leur parla des pèlerins de Nazareth.

« Vous avez la foi, mes chers enfants, leur dit-il, et il nous vient pour vous la même pensée que nous eûmes en présence de vos camarades plus jeunes, venus il y a trois ans. Je ne puis dire le plaisir qu'ils m'ont fait par leur affection, par leur simplicité et par leur ingénuité.

« Ils voulaient tous me parler, me confier leurs secrets, m'ouvrir leurs âmes ; l'un d'eux (et le Saint-Père souriait à ce souvenir) me demanda même de l'entretenir en particulier.

« Et je fus charmé de cette confiance naïve et de cet abandon filial, et nous nous sommes écrié comme aujourd'hui : « En « vérité, *non inveni tantam fidem in Israël :*

« Je n'ai point trouvé une si grande foi en Israël. »

On le voit, le Patronage de Nazareth et le Cercle Montparnasse ouvrirent la voie aux grands pèlerinages ouvriers de 1887, 1889 et 1891, si brutalement interrompus par la Révolution italienne. Ils s'y joignirent d'ailleurs, par de nombreux délégués, ainsi qu'aux pèlerinages jubilaires de la Société de Saint-Vincent de Paul.

Le pèlerinage de 1879 avait été précédé à Nazareth par une touchante cérémonie : la célébration des noces d'argent sacerdotales du Père Hello, aumônier du Patronage depuis 1854. Avec quel entrain on répéta ce vieux refrain nazaréen :

> « Bon Père Hello, chacun vous aime
> Chacun voudrait
> Rester toujours, bonheur extrême,
> A Nazareth ! »

Mais ces fêtes ne peuvent pas se décrire et c'est d'elles désormais que l'histoire de Nazareth est remplie.

Il y a cependant des jours de deuil. Le 15 juin 1886, M. Paul Decaux, bienfaiteur insigne de Nazareth, depuis plus de quarante ans, ancien président du Patronage et président du Conseil de Paris, mourait presque subitement, après avoir assisté, la veille, à la fête de Saint-Émile.

Au mois de décembre de la même année, mourait M. Myionnet, le premier directeur du Patronage.

D'autres n'allaient pas tarder à le suivre. Le 20 décembre 1889, M. Alphonse Vasseur, qui avait épuisé ses forces, en se dévouant sans relâche à la direction du Patronage, rendait son âme à Dieu, entre les bras d'un enfant de Nazareth devenu prêtre, qui l'assistait au dernier passage. Depuis deux ans et demi, M. Vasseur était éloigné de Nazareth et avait dû prendre un repos qui pour sa nature ardente était la plus grande des fatigues.

Ce fut une grave épreuve pour l'Œuvre de se voir privée d'un directeur depuis si longtemps connu, aimé et estimé de tous. Mais celui qui le remplaçait était aussi un enfant de N.-D. de Nazareth. Il devait sa vocation au Cercle Montparnasse, dont il avait été président.

Ainsi l'union ne cessait pas d'exister entre les deux Œuvres et le Cercle, après avoir pris au Patronage son directeur en 1863, était heureux de lui donner son président en 1887.

Bientôt ce fut M. Maignen qui vint terminer sa vie d'œuvres et de travail, le 7 décembre 1890, en cette maison de Nazareth où il avait commencé à servir les apprentis et les jeunes ouvriers.

M. Le Prévost rappelait à lui tous ses premiers compagnons, et la petite communauté de la rue du Regard, le premier patronage et le premier cercle se reformaient au ciel.

Nous arrêterons ici notre récit. L'œuvre, aussi bien, continue sa marche dans le calme et la paix d'un peuple qui n'a plus d'histoire.

Il nous reste seulement à constater ses progrès, en comparant les chiffres statistiques de 1894, à ceux de 1850 et de 1857, que nous avons déjà donnés :

	1850	1857	1894
Apprentis et jeunes ouvriers inscrits.	120	260	327
Nombre des présences dimanches et fêtes de l'année	4.936	10.029	16.686
Confessions.	566	3.115	5.370
Communions.	163	1.190	5.052

Présences des écoliers au Patronage le jeudi, en 1894 : 8.373 : vacances d'août et septembre, 7.318. — Total, 15.691.

Les chiffres de la dernière année n'indiquent pas un progrès subit et passager; ils se sont accrus graduellement depuis plus de trente ans, c'est-à-dire depuis que la piété est devenue la force motrice qui met en mouvement toutes les institutions du Patronage.

Nous pouvons donc répéter, en nous l'appropriant, ce que M. Maignen disait en 1882, à la fin de son rapport à l'Assemblée générale de la Société de Saint-Vincent de Paul :

« Il ne suffit pas de rendre grâces, il faut reconnaître l'accomplissement des promesses divines et avoir constamment devant les yeux la démonstration de la vérité que, dans sa miséricorde, le Seigneur a daigné nous faire.

« Oui, vous nous l'avez enseigné et vous nous en donnez la preuve manifeste, et nous le croyons du plus profond de nos âmes :

« La piété est la vie des œuvres;

« Seigneur, sans vous, nous ne pouvons rien faire. »

APPENDICE

LES FIORETTI

DE NOTRE-DAME DE NAZARETH

Une monographie de la maison de Notre-Dame de Nazareth ne serait pas complète, si on n'y joignait quelques traits de la vie intime de ses enfants et quelques souvenirs des principaux confrères qui se sont les uns et les autres fait remarquer par leur piété, leur zèle, leur dévouement et leur attachement à l'OEuvre du Patronage.

Ce sont là, vraiment, les fioretti du Patronage. Il y aurait matière à tout un volume qui ne serait pas indigne de figurer à la suite des admirables légendes franciscaines.

L'esprit du christianisme est le même dans tous les pays et dans tous les temps; aussi, quand son influence s'exerce sur des âmes pures, simples et droites, dans l'humilité et la pauvreté, il produit partout les mêmes merveilles, et au milieu des diversités apparentes des époques et des milieux, il y a comme un air de famille entre tous les enfants du Dieu de Bethléem et de Nazareth.

Voici, pris au hasard, quelques souvenirs de la vie et des combats de nos premiers apprentis.

Un jeune ouvrier de l'association de Notre-Dame de Nazareth venait de terminer son apprentissage le 1er janvier 1857. Il n'aurait dû le finir que le 1er février, mais son patron lui avait fait grâce d'un mois, en récompense de sa bonne conduite pendant tout son apprentissage. Le jeune homme, sachant bien qu'il devait à la sainte Vierge toutes les grâces qui avaient assuré sa persévérance, voulut en témoigner sa reconnaissance envers cette bonne mère.

Il consacra donc tout le gain du mois qui lui avait été concédé par son patron, à acheter un cœur en argent qui fut bénit solennellement à la chapelle et appendu près de la statue de la sainte Vierge.

En 1858, deux enfants du patronage travaillaient dans le même atelier. L'un d'eux était très pauvre et manquait de vêtements. Son patron voulait le faire travailler le dimanche pour lui faire gagner de quoi s'entretenir.

Le Patronage s'y opposa et promit de donner des vêtements à l'enfant autant qu'il le pourrait. Un jour de vente trimestrielle, où il y avait grand déballage de vêtements dans la cour, le pauvre apprenti espérait remonter un peu sa garde-robe, mais l'Œuvre ne pouvait lui fournir qu'une partie de ce qui lui manquait. Comment faire? Si l'apprenti ne rapporte pas à son patron les vêtements dont il a besoin, on ne le laissera plus venir au Patronage, on le fera travailler tous les dimanches.

Heureusement, le camarade de l'apprenti est là. Il a su gagner des cachets par sa bonne conduite, il serait bien aise de les utiliser en achetant certaines choses très séduisantes, au bel étalage qui est devant lui, et autour duquel se pressent une multitude de Nazaréens. Mais il fait partie de la Petite Conférence, il sait déjà le mérite de la charité et le meilleur usage qu'il puisse faire de sa monnaie en papier, il le fera. Avec la permission de la direction, il donne tout à son camarade pour acheter les effets dont il a besoin.

Un enfant du Patronage portait à son cou plusieurs médailles qu'il ne cachait pas à son atelier. Un ouvrier les aperçoit sur les vêtements de l'apprenti, les lui arrache avec violence et s'empresse de les couper avec sa lime. L'enfant lutte pour les sauver de la profanation. Il ne réussit pas entièrement; une médaille de l'Immaculée Conception est déjà en pièces; il en ramasse la plus forte partie, y fait un trou et la réunit aux autres qu'il suspend de nouveau à son cou. Il continue à porter ce morceau de médaille informe par respect pour la sainte Vierge indignement outragée.

Un autre enfant du Patronage se trouvait, à la même époque, dans un très mauvais atelier. On essaya de l'en retirer, mais ce fut en vain. Le patron avait fait un contrat avec les parents et ne voulait pas entendre parler de rupture. Le pauvre enfant se désolait, mais soutenu par les conseils de l'aumônier, il se résignait cependant.

La lutte allait toujours grandissant; un dimanche, il vint se jeter dans les bras du prêtre, fondant en larmes et lui racontant les nouveaux tourments qu'il endurait. Il lui signalait particulièrement un ouvrier qui le persécutait plus que les autres, l'aumônier l'engagea alors à prier beaucoup pour cet ouvrier. L'enfant resté seul dans la chapelle se mit à genoux devant la statue de la sainte Vierge, priant et pleurant pour la conversion de son persécuteur.

Le samedi suivant, il l'amenait à son confesseur pour recevoir le pardon de ses fautes, et tous deux s'approchaient le lendemain de la sainte table. L'enfant eut, dès lors, un soutien à l'atelier.

Quelque temps après, le patron vint trouver le directeur du Patronage. « Monsieur, lui dit-il, la bonne conduite, les bonnes qualités de X... me touchent profondément; je vois qu'il n'y a que la religion qui puisse former ainsi les enfants. Jusqu'à présent j'ai vécu dans la négligence de mes devoirs, mais c'est fini, je reconnais que j'ai eu tort et je suis en ce moment la retraite de Saint-François-Xavier à Saint-Sulpice, pour me préparer à rentrer en grâce avec Dieu.

Un apprenti passementier avait de la peine à démêler ses fils à l'atelier : « Jure le nom du bon Dieu, lui dit son patron, et tu verras que tes fils s'arrangeront. » « Qu'ils s'arrangent s'ils veulent, répond l'enfant, pour moi, je ne jure pas. » Cet homme, avec une méchanceté vraiment infernale, réussit près d'un autre apprenti qui n'était pas du Patronage. Il le fit jurer *la veille de sa première communion!*

Le jeune D... résistait depuis longtemps avec courage aux railleries et aux embûches de l'atelier contre sa foi. On plaça avec lui un autre enfant du Patronage, pensant qu'ils se soutiendraient mutuellement et seraient ainsi plus forts pour résister. Malheureusement, il n'en fut pas ainsi. Subjugué par les ouvriers, au bout de quelques jours, le nouvel apprenti prit part à leurs railleries contre son camarade et à leurs blasphèmes contre la religion.

D... ne s'en émeut nullement, il reste toujours ferme dans sa foi, et tandis que tout l'atelier est ligué contre lui et qu'on y fait entendre des propos et des chants abominables, il prie pour ses persécuteurs et chante à mi-voix le *Monstra te esse matrem.*

Un tout petit enfant, apprenti photographe, soutient de son gain sa mère veuve et son petit frère; son patron lui propose une fois de travailler le dimanche, lui promettant une récompense; il s'y refuse. Après quelques semaines, le patron revient à la charge; l'apprenti refuse encore.

« Puisque tu ne veux pas travailler le dimanche, lui dit le maître furieux, tu pourras chercher une autre place à la fin du mois.

Le pauvre enfant n'ignorait pas que sa petite taille était un obstacle à son placement dans une autre maison; il pense alors à sa mère, à son frère, qui souffriront de la faim; il va confier ses peines à quelqu'un du Patronage qui lui donne des conseils un peu sévères, peut-être, et qui en éprouve ensuite du regret, et s'en va trouver la mère du petit apprenti. « Quand nous devrions manquer du nécessaire, mon enfant ne travaillera pas le dimanche », dit celle-ci, et elle se résigna à le voir quitter sa place à la fin du mois.

A quelques jours de là, on faisait au Patronage une distribution de prix pour l'assiduité aux cours du soir. Ce même enfant fut appelé pour recevoir un prix. Il avait fait quelques absences, pendant qu'il cherchait une place. « Je ne mérite pas le prix, dit-il en approchant de l'estrade, j'ai fait des absences. » Il fallut insister pour qu'il acceptât.

Un brave homme, visité par les apprentis de la Conférence, vieux débris du premier Empire, mutilé, décoré de Sainte-Hélène, avait perdu, depuis longtemps déjà, la précieuse médaille qui rappelait ses combats, ses campagnes. Les apprentis se concertèrent pour lui faire une surprise. Le jour de Pâques, ils lui offrirent un magnifique œuf de Pâques. En l'ouvrant, le vieux soldat y trouva une médaille de Sainte-Hélène toute neuve et une aune de ruban. Il fut si ému à cette vue, qu'il ne put dire un seul mot de remerciement.

Que de traits édifiants, que de scènes charmantes nous pourrions citer encore s'il nous était permis de pénétrer dans le sanctuaire des familles chrétiennes qui se sont groupées autour du patronage et du Cercle. L'aumônier du Patronage portant le saint viatique à une mère de famille mourante ne vit-il pas, un jour, les huit plus jeunes de ses douze enfants rangés en cercle autour de la table sur laquelle était déposé le Saint-Sacrement, chanter le *Panis Angelicus*, tandis que l'un d'eux accompagnait le chant sur son violon!

Nommerons-nous maintenant quelques-uns de ceux qui ne sont plus? Joseph Legrand, ce petit ange de quatorze ans, d'une douceur qui n'excluait pas l'énergie, lorsqu'il s'agissait surtout de défendre la pureté de son âme.

Entouré, dans son atelier, d'ouvriers corrompus et corrupteurs, il excita leur étonnement par la vigueur avec laquelle il résistait à leurs provocations. Avec quelle douloureuse indignation il insistait auprès du directeur du Patronage pour être retiré, malgré tous les obstacles, de ce milieu infernal!

Replacé dans un atelier honnête, il vécut tranquille, communiant souvent et fréquentant régulièrement le Patronage jusqu'au dernier dimanche de sa vie.

« De longtemps je n'oublierai l'effet que m'a produit cette mort, écrivait M. Vasseur.

« Sur un lit très pauvre (à peine s'il y avait des draps), un enfant de quatorze ans se tordant et se débattant contre la douleur... Et pourtant, pas un mot de plainte. Il disait : « Mon Dieu, mon bon Maître, « vous avez beaucoup souffert pour moi; je suis content de souffrir « pour vous ». Puis il embrassait son crucifix et commençait une prière qu'il ne pouvait achever à cause de ses souffrances.

« Lorsque le prêtre eut fini de lui donner l'extrême-onction, Joseph lui prit la main, la baisa avec effusion et s'écria : « Mon Père, je vous remercie bien, vous êtes bien bon d'être venu, vous m'avez « sauvé, je vais prier pour vous. »

« Ce bon petit homme pressentait qu'il allait mourir. « Monsieur « Vasseur, dit-il, je suis bien content de vous voir, je vous remercie « de tout ce qu'on a fait pour moi au Patronage; je prierai pour « vous, pour le Père Hello et pour tous mes camarades. »

« Papa, ajoutait-il, il ne faut pas pleurer; quand on est mort, « on est avec le bon Dieu. »

« Je suis bien content, je vais voir ma petite sœur dans le ciel.

« Quelques instants avant sa mort, comme il paraissait absorbé, il s'écria tout à coup :

« Maman! mets-toi à genoux, la sainte Vierge est là, avec ma petite sœur! »

« Ce furent les dernières paroles que le cher enfant prononça.

« On ne peut rien assurer sur le fait de l'apparition de la sainte Vierge à ce cher petit, continue M. Vasseur, mais, pour moi je ne serais pas surpris que cette bonne Mère ait voulu récompenser Joseph de son amour pour la pureté. C'est pour se préserver de toute souillure qu'il s'est défendu avec tant d'énergie contre de mauvais ouvriers.

« Cher petit, nous conserverons longtemps ton souvenir. De là-haut prie pour nous. »

Joseph Legrand est peu connu au Patronage où il a passé sans bruit et rapidement; combien d'autres mériteraient plus qu'une simple notice de quelques lignes! Leurs noms sont encore populaires à Nazareth.

Après les grands désastres de 1870-71, et notamment de 1872 à 1876, le Patronage de Notre-Dame-de-Nazareth prit une physionomie particulière que peut-être on ne vit jamais dans une autre œuvre de zèle.

Près de 25 confrères pour la plupart fort distingués par la piété et le dévouement, se donnaient simultanément à tous les genres d'apostolat. Un entrain extraordinaire régnait dans tous les jeux : — l'exemple de ces jeunes hommes du monde, étudiants pour la plupart, mêlés dans leurs Écoles à des camarades peu recommandables par la vertu, et triomphant par la piété de tous les entraînements, encourageait singulièrement les jeunes ouvriers à rester fidèles à ce Patronage pour lesquels leurs aînés des classes aisées faisaient tant de sacrifices, et aux pratiques de piété qui étaient la joie et la force des uns et des autres : aux promenades, aux fêtes, aux adorations nocturnes, aux processions, les confrères étaient toujours mêlés aux apprentis et aux ouvriers. Les services multiples de la maison, la présidence des Petites Conférences, celle des quatre corporations, celle du Patronage du jeudi, la Bibliothèque, la Réunion des aspirants, la musique, la préparation des pièces et soirées, etc., etc., tout cela était dirigé par des Confrères très actifs, très entendus, et qui consacraient joyeusement au Patronage toutes les heures qu'ils pouvaient arracher à leurs occupations quotidiennes. Leur action, d'ailleurs, n'entravait nullement celle des dignitaires : il est à remarquer que dans ce laps de temps, le corps des dignitaires ne cessa de réunir des sujets d'un dévouement et d'un mérite exceptionnels; citons, parmi les défunts, *Gabriel Andriveau, Alexandre Pardemer, Francis Chaux, Louis Mouroux*. La vue de ces jeunes ouvriers, si attachés à leur devoir chrétien et si entièrement dévoués à la maison faisait également aux jeunes confrères un bien extraordinaire; il y avait dans cette collaboration et ce dévouement mutuel au Patronage une action réciproque qui se traduisait par des fruits merveilleux de persévérance et de vertu. On ferait un livre bien intéressant, si l'on pouvait réunir en quelques chapitres l'histoire des anciens confrères restés dans le monde; si on les suivait, étape par étape, à travers les fondations et les industries de zèle et de charité auxquelles ils se sont donnés.

Ces jeunes hommes tout parfumés des souvenirs de leur apostolat auprès des apprentis de Nazareth et de leurs familles, faisaient effort pour transplanter dans leurs provinces moins ardentes et moins initiées que les faubourgs de Paris aux ressources de l'activité chrétienne, les institutions de toutes sortes qu'ils avaient admirées au Patronage. Les Conférences de Saint-Vincent de Paul, grandes et petites, les Patronages dans les villes et les bourgs, l'action sur les jeunes gens par mille moyens divers, tels sont les fruits du zèle de ces apôtres laïques. Mais le plus beau fleuron de Nazareth, à cette époque, lui est assurément donné par les vocations multiples que cette maison bénie a vues surgir pendant ces années privilégiées. Rappelons ici le R. P. Havret

(1873), aujourd'hui recteur du collège d'Évreux, le second des trois frères Jésuites. En attendant la permission paternelle qui le laisserait libre de suivre le même attrait que son frère aîné, missionnaire en Chine, il faisait à Paris un peu de droit et beaucoup de Patronage. Se levant chaque jour à quatre heures afin de s'habituer par anticipation à la dure règle de la Compagnie, il trouvait du temps pour jouer avec les écoliers et les apprentis. Son passage parmi nous fut rapide, mais son dévouement laissa de profonds souvenirs.

Le R. P. Pie Mathieu, le deuxième aussi des trois frères Dominicains, préluda à son apostolat par plusieurs mois d'assiduité au Patronage (1873). — Dom Paul Denys Baret fut le modèle accompli du confrère : élevé, comme il aimait à le rappeler, dans une direction quelque peu rigoriste, la vue des communions des Nazaréens l'amena bientôt chaque matin devant la Sainte Table : — « C'est à Nazareth, disait-il, que j'ai puisé une faim insatiable de la communion ! » — Tout le temps qu'il ne laissait pas absorber par la prière, par des études de bénédictin, et par la rapide culture de ses merveilleuses aptitudes musicales, ce lauréat de l'école de Droit le donnait tout entier au Patronage. Aussi une fois revêtu de l'habit de Chartreux, il pouvait dire en toute vérité, et en suivant la progression : « Pour être religieux, j'ai dû faire de grands sacrifices : celui de la musique, celui de la science, celui du Patronage ! » (1878). — Depuis deux ans (1876), l'un de ses plus intimes amis, M. Lucas Championnière, avait quitté Nazareth pour le séminaire Saint-Sulpice, puis pour l'apostolat de l'ouvrier dans la Congrégation des Frères de Saint-Vincent-de-Paul. — L'année suivante, c'était l'un des jeunes confrères les plus vertueux et les plus séduisants, M. Guéneau de Mussy, qui rejoignait son ami de cœur à Saint-Sulpice, avec le désir ardent de le rejoindre plus tard à Vaugirard; mais hélas! ce confrère si pieux, si délicat, si passionnément dévoué au peuple était enlevé en 1883 par une mort prématurée. En 1877 encore, M. Emmanuel Martin Gibergues entrait aussi à Saint-Sulpice, puis après de brillantes études à Rome il devenait au bout de quelques années le fondateur et premier supérieur des Missionnaires diocésains de Paris. — L'année suivante, M. Clavier entrait directement à Vaugirard, où il devait se dévouer aux petits orphelins.

En 1878, M. Joseph Griffatou disait adieu au Patronage et entrait dans la Compagnie de Jésus. Son sacrifice attira sur le Patronage, entre autres bénédictions, les années de dévouement de son jeune frère.

La même année, M. Charles Maignan suivait M. Clavier à Vaugirard : il y était lui-même rejoint l'année suivante par M. Henri Hello; ces deux dernières vocations étaient le couronnement manifeste et glorieux de la carrière de dévouement de deux oncles bien connus à Nazareth.

M. Le Chevalier, deux ans plus tard, se donnait à l'apostolat comme Frère directeur du Patronage. — Puis, M. Daniel Fontaine inaugurait des traditions de famille par son entrée à Vaugirard suivie de ses études à Rome. Par ce rapide aperçu on entrevoit aisément combien d'âmes d'élite ont été réunies par Notre-Dame de Nazareth dans ce sanctuaire de l'Apostolat ouvrier; combien de dévouements s'y sont développés sous l'action de la divine Eucharistie. Puisse cette sainte Maison garder pour l'Église cette merveilleuse fécondité! Que parmi tous les autres Patronages, elle continue à rester une ruche d'apôtres pour les petits, pour les plus délaissés, pour tous les membres de la grande famille ouvrière à laquelle on a ravi Jésus-Christ!

H. L.-C.

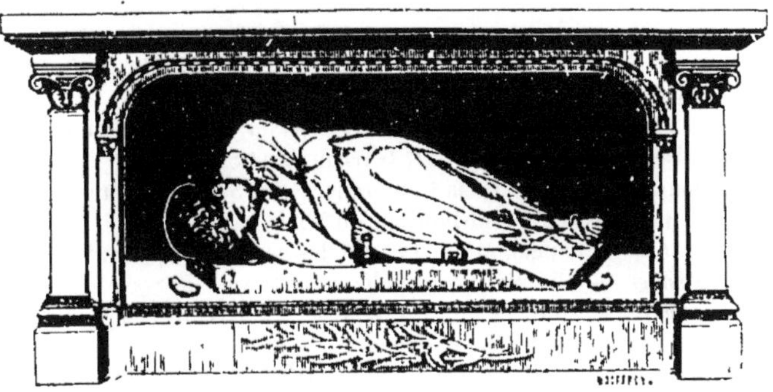

SAINT THARSICE,

premier martyr de l'Eucharistie.

ÉPHÉMÉRIDES DU PATRONAGE

DE

NOTRE-DAME DE NAZARETH

1833. *Mai*. — Fondation de la Société de Saint-Vincent de Paul, qui a donné naissance à l'Œuvre du Patronage.

1834. Trois pauvres enfants sont recueillis dans la maison de la rue des Fossés-Saint-Jacques, nº 11, berceau de la Société.

1835. 19 *Août*. — Fondation de la Conférence Saint-Sulpice; Notre-Dame de Bonne-Nouvelle; Saint-Philippe du Roule.

1835. *Novembre*. — Fondation de l'Œuvre des orphelins-apprentis.

1836. 21 *Février*. — Première Assemblée générale de la Société de Saint-Vincent de Paul. — Le Président de l'Œuvre des orphelins présente un rapport à l'Assemblée.

1836. 17 *Mars*. — Conférence de Saint-Vincent de Paul, Orphelins-Apprentis. Procès-verbal, de la main de M. Le Prévost. — La Conférence se réunira désormais le mardi, après la conférence de charité.

1836. 12 *Avril*. — L'Œuvre des Orphelins-Apprentis est transférée rue Copeau, au coin de la rue de la Clé.

1836. 19 *Avril*. — Le Président de la Conférence annonce que l'Œuvre des jeunes apprentis a été transférée dans un nouveau local, rue des Postes.

1836. 26 *Avril*. — Convention signée entre le Président de la Conférence et le ménage Beaumont, chargé de tenir la maison des apprentis.

1836. 21 *Juin*. — M. Ozanam offre de donner des leçons de latin aux apprentis les plus âgés pour en faire de bons compositeurs d'imprimerie.

1836. 19 *Juillet*, mardi. — Les apprentis vont à la messe chez les Lazaristes.

1836. 26 *Juillet*. — M. de Kerguelen accepte de se charger entièrement de la direction de l'établissement et d'y prendre son domicile.

1841. — Translation de la rue Copeau à rue Neuve-Saint-Étienne du-Mont. Les orphelins de Saint-Vincent de Paul sont placés dans une mai-

21

son d'apprentissage interne fondée sous les auspices de Mgr l'Archevêque et la direction des Frères des Écoles chrétiennes. Le nombre des enfants est porté de 20 à 80; deux Frères les surveillent, placent et visitent dans les ateliers.

1841. — Organisation du Comité du Patronage composé des délégués de chaque Conférence ayant des apprentis patronés.

1845. 10 *Janvier*. — Premier Bref adressé par S. S. Grégoire XVI à la Société de Saint-Vincent de Paul, pour l'aprouver et lui accorder des indulgences.

1845. 21 *Février*. — La bibliothèque de la Sainte-Famille est transférée de la rue de Bagneux, à la maison de la rue du Regard.

1845. 1er *Mars*. samedi. — Installation de M. Myionnet, rue du Regard, comme directeur du Patronage de la Société de Saint-Vincent de Paul, et date de fondation de la maison.

1845. 2 *Mars*. — Premier dimanche de Patronage.

1845. 18 *Mars*. — Séance du Conseil de Paris (Société Saint-Vincent de Paul) dans laquelle est rédigé l'*Acte constitutif* de l'Œuvre du Patronage.

1845. 30 *Mars*. — Première séance de la *Commission administrative de la maison de la rue du Regard*. M. Bourlez, président; MM. Le Prévost et Connelly, vice-présidents; M. Decaux, trésorier. (17 avril.)

1845. 19 *Juillet*. — Fondation de la première Petite Conférence d'apprentis (rue du Regard).

1845. 20 *Juillet*. — Fête solennelle de Saint-Vincent de Paul par les apprentis à la rue du Regard.

1845. 25 *Décembre*, Noël. — Messe de minuit à Saint-Lazare. Première réunion de la Petite Conférence.

1846. 29 *Janvier*. — Première séance de la petite commission de la maison de Patronage de la rue du Regard : M. Myionnet, président; Planchat. Nimier, Tondu, Georges de Liancourt : Maignen, secrétaire.

1846. 19 *Février*. — La chapelle des Carmes est mise à la disposition du Patronage pour l'instruction et le Salut donnés par M. l'abbé Roussead.

1846. 5 *Mars*. — Mgr l'Archevêque accorde la permission de Salut pour le Patronage à la chapelle des Martyrs (jardin des Carmes).

1846. 4 *Juin*. — M. Myionnet décide de conduire les enfants au Luxembourg pendant la belle saison.

1846. 13 *Juin*, Fête-Dieu. — Le Patronage de la rue du Regard assiste à la procession à l'hospice des Incurables (alors rue de Sèvres).

1846. 17 *Octobre*. — Établissement de l'Œuvre de la Sainte-Enfance au Patronage.

1847. 28 *Janvier*. — Sur la proposition de M. Le Prévost, on organise de petites charades pour le Dimanche et le Mardi gras.

1847. 14 *Février*, Dimanche gras. — Allocution par M. Cochin. Repas du soir un peu plus confortable.

1847. 16. Mardi gras.   Charades et loteries le soir.

1847. 1er *Avril*.   « Nos enfants feront désormais le service d'enfants de chœur à l'église des Carmes pour le Salut. » Deux sont désignés pour dimanche : deux autres seront formés pour les remplacer.

1847. Lundi de Pâques. — Messe à 9 heures à Saint-Sulpice par M. le curé ; 50 communions.

1847. 1er *Juin*. — Premier Bref de Pie IX à la Société de Saint-Vincent de Paul.

1847. 15 *Août*. — A midi, messe pour les enfants du Patronage à la chapelle des Martyrs (Carmes). Visite de l'Évêque d'Alger à la rue du Regard.

1847. 9 *Décembre*. — M. Myionnet propose à la Commission administrative du Patronage de la rue du Regard l'institution de séances solennelles trimestrielles pour la distribution de récompenses aux apprentis.

1848. 10 *Février*. — M. Bourlez. président, annonce à la Commission administrative que le Patronage de la rue du Regard abrite l'Œuvre des petits ramoneurs savoyards et auvergnats, fondée à Paris depuis plus de soixante ans.

1848. 28 *Mai*. — Distribution trimestrielle des récompenses, présidée par M. Danton, délégué du ministre de l'instruction publique. Allocution de M. l'abbé Ledreuille.

1848. 4 *Juin*. — Allocution de M. Simonnet, missionnaire de France.

1848. 11 *Juin*, Pentecôte. — La Petite Conférence présidée par M. Fiot 10 communions.

1848. 12 *Juin*, lundi. — Promenade au bois de Boulogne.

1848. 2 *Juillet*. — « 75 enfants présents. — Bon esprit général relativement à l'insurrection. — Pas de mobiles blessés. — Un enfant prisonnier. »

1848. 9 *Juillet*. — Première réunion du Patronage de Grenelle.

1848. 23 *Juillet*. — Distribution trimestrielle présidée par MM. Duquesnay et Bourlez. — Salut aux Lazaristes donné par M. Étienne, supérieur général. - « Diner de la fraternité ». — Maison de la Roquette, de la rue des Deux-Ports de Chaillot. — Grenelle et ses fleurs. Récréation au Luxembourg.

1848. 30 *Juillet*. — Reprise du cours de dessin.

1848. 15 *Octobre*. — Distribution trimestrielle présidée par Mgr l'évêque de Quimper, Représentant du peuple.

1848. 29 *Octobre*. — La Petite Conférence est présidée par M. Manuel.

1849. 21 *Janvier*. — Visite de M. Ozanam. La Petite Conférence, d'après l'exemple de celle de la Roquette, vote 30 francs pour le Saint-Père.

1849. 4 *Février*. — Répétition de musique par M. Herr. Distribution trimestrielle présidée par M. Ozanam. Quête pour le Saint-Père (12 fr.). Réception à l'archevêché, près Notre-Dame, des cinq maisons de Patronage, qui se saluent et s'acclament de loin dans la rue. Les enfants de la Roquette remettent à Monseigneur la somme recueillie pour le Saint-Père par toutes les maisons de Patronage (100 fr.) : les rangs sont rompus, tout le monde se presse autour du Pasteur, grande émotion (la réception a lieu dans la cour). Au dessert, le soir, les enfants de Grenelle offrent à ceux de la rue du Regard du cidre et des biscuits.

1849. 22 *Février*. — Les enfants de la rue du Regard vont passer la journée du Mardi gras à la rue de la Roquette. Jeux.

1849. 4 *Mars*. — Première vocation au Patronage (Lazariste).

1849. 8 *Avril*, lundi de Pâques. — Visite des pauvres par les élèves de l'École polytechnique, communion pascale aux Incurables. Pendant la Semaine sainte une retraite générale pour tous les Patronages a été prêchée par l'abbé de Ségur. 50 à 60 enfants de la rue du Regard y assistent.

1849. 17 *Mai*, Ascension. — Réunion de la Sainte-Enfance à la chapelle des Martyrs. Rapport par Nicolas. Instruction par l'abbé Clanchet. Allocution par M. Laplagne-Barrès.

1849. 17 *Juin*. — 1re leçon du cours de musique (méthode des chiffres).

1849. 15 *Juillet*. — Fondation d'une nouvelle Conférence au Patronage. La première vote 50 francs pour la seconde. Élection de Lapeyre au prix d'honneur.

1849. 22 *Juillet*, Saint Vincent de Paul. — Office pour tous les Patronages à Saint-Lazare, par M. Étienne. Diner de toutes les maisons à la rue du Regard.

1849. 5 *Août*. — Distribution des prix présidée par M. le Curé de Saint-Sulpice et M. Bourlez. M. l'abbé Icard, directeur des catéchismes, M. l'abbé Le Dreuille, l'abbé de Ségur sont présents. Histoire du Charpentier Rouho, par l'abbé Le Dreuille. Lecture du Bref du Saint-Père, adressé de Gaëte aux enfants des Patronages.

1849. 12 *Août*. — La 2e Conférence, présidée par M. Laplagne-Barrès.

1849. 15 *Août*. — « Nicolas, Connerry et Tavernier sont nommés chefs des trois dernières divisions, qui devront leur obéir comme à M. Myionnet. Ils prennent la surveillance du réfectoire et de la tenue dans la rue. Cette mesure a un plein succès. »

1849. 2 *Septembre*. — « Séance des anciens patronnés, sous la présidence de MM. Manuel et Laplagne. Adoption définitive du règlement. Lettre adressée par eux au Conseil de Paris. »

1849. 9 *Septembre*. — « Séance des anciens patronnés. Le Conseil de Paris a parfaitement accueilli leur demande et s'est montré disposé à seconder leurs intentions ».

1849. 16 *Septembre*. — Séance des Jeunes Ouvriers, présidée par M. d'Arbel qui s'est offert pour diriger cette Œuvre. La séance d'inauguration est fixée au 1er dimanche d'octobre.

1849. 23 *Septembre*. — La 7e division est ajoutée aux trois dernières que dirigeaient Nicolas, Connerry et Tavernier.

1849. 30 *Septembre*. — Séance des Jeunes Ouvriers présidée par M. d'Arbel assisté de cinq confrères. Adoption définitive du règlement et constitution de la Société.

1849. 7 *Octobre*. — M. l'abbé Planchat, ancien confrère de la rue du Regard, entré au Séminaire, raconte une histoire aux enfants. Séance des Jeunes Ouvriers.

1849. 11 *Novembre*. — Distribution trimestrielle présidée par M. l'abbé Cassande Florac et Adolphe Baudon.

1849. 18 *Novembre*. — 1re séance du conseil particulier au Patronage.

1849. 2 *Décembre*. — Visite de Mgr l'évêque de l'Orégon (Canada). Première séance de la 3e Conférence. M. Humbert, président.

1849. 16 *Décembre*. — Visite de Peccard, ancien apprenti engagé dans la garde mobile. Il demande une médaille de la sainte Vierge, ayant perdu la sienne.

1849. 25 *Décembre*. — Visite au Patronage de Grenelle

1850. 27 *Janvier*. — Installation de M. Dupeiron pour la présidence de la 3e Conférence.

1850. 3 *Février*. — Distribution trimestrielle présidée par le R. P. Huc, Dominicain. Rapport sur les trois conférences. Encouragement à la vente des Almanachs de l'Ouvrier dans les ateliers. Prix de persévérance à Nicolas, ouvrier, encouragements aux chefs de sections.

1850. 12 *Février*, Mardi gras. — Journée passée à N.-D. de la Roquette. Charades.

1850. 3-5 *Mars*. — Première réunion du dimanche soir, pour les plus grands apprentis de la rue du Regard, sur le point de devenir ouvriers.

1850. 31 *Mars*. — Ouverture de la retraite pascale prêchée dans les caveaux de Saint-Sulpice par MM. de Conny et de La Bouillerie pour les enfants de la rue du Regard (60 prés.) de Saint-Jean de Grenelle et des hôpitaux.

1850. *Mars*. — M. Myionnet rédige le règlement des Petites Conférences d'apprentis.

1850. 1er *Avril*, lundi de Pâques. — 9 heures, Messe aux Carmes pour les retraitants ; 400 communions dont 60 de la rue du Regard. Journée passée à Grenelle.

1850. 14 *Avril*. — « Proposition de Tavernier pour l'établissement d'une statue de la sainte Vierge dans la maison de Patronage. Les Jeunes Ouvriers achèteront la statue : les petites conférences fourniront le piédestal. Proposition accueillie à l'unanimité. »

1850. 21 *Avril*. — Séance générale des Petites Conférences sous la présidence de M. Bourlez. — 12 membres composent la réunion des Jeunes Ouvriers.

1850. 26 *Mai*. — Offrande d'un cœur en ex-voto à la sainte Vierge.

1850. 16 *Juin*. — Départ des enfants pour la formation de la maison de la rue de l'Estrapade

1850. 23 *Juin*. — Promenade des Jeunes Ouvriers à Saint-Cloud, sous la conduite de M. Poirel. Ils sont 15.

1850. 21 *Juillet*. — Réunion générale des maisons de Patronage, rue du Regard. Dîner commun.

1850. 18 *Août*. — Procession et bénédiction de la statue de la sainte Vierge offerte au Patronage par les Jeunes Ouvriers et les Apprentis. — M. Rousseau, Lazariste, aumônier du Patronage, préside.

1850. 15 *Septembre*. — Promenade avec le chariot, déjeuner au Champ-de-Mars, jeux dans la plaine de Grenelle.

1850. 3 *Novembre*. — Distribution trimestrielle présidée par M. Cochin, adjoint au maire du Xe arr.

1850. 24 *Novembre*. — Le soir, première fête du Directeur souhaitée par les Jeunes Ouvriers à M. Myionnet (Saint-Clément).

1851. 23 *Février*. — Distribution trimestrielle présidée par M. de Lambel et M. l'abbé Marel.

1851. 27 *Mars*. — Première séance du conseil supérieur des Patronages, présidée par M. Baudon, président général de la Société.

1851. 23 *Novembre*. — Fête de M. Myionnet.

1851. 30 *Novembre*. — Baptême d'un enfant de quatorze ans, protestant, converti par l'abbé de Ségur.

1852. 25 *Janvier*. — Distribution trimestrielle présidée par le R. P. Dupont, Mariste, et M. Decaux.

1852. 24 *Février*. Mardi gras. — Charades et loterie d'attrape. MM. l'abbé Ruel, l'abbé de Girardin et Joseph de la Bouillerie y assistent.

1852. 16 *Août*. — M. Maignen succède à M. Myionnet comme directeur du Patronage.

1852. 5 *Septembre*. — « Suppression de la nourriture acceptée par les enfants avec plaisir. »

1852. 12 *Septembre*. — Première leçon de gymnastique. — Nouvel ordre des exercices du dimanche.

1852. 3 *Octobre*. — Première leçon du cours de musique.

1852. 5 *Décembre*. — Première fête de Saint-Éloi, allocution par le P. Chocarne, Dominicain.

1853. 16 *Janvier*. — Visite de M. de Melun. Réorganisation des divisions.

1853. 4 *Juin*. — Instruction par l'abbé Jules Morel, chanoine d'Angers.

1854. 30 *Janvier*. — Première séance au Conseil des confrères, présidée par M. Maignen.

1854. 5 *Février*. — Nouvelle division des enfants du Patronage par conférences avec de nouveaux apprentis pour chefs.

1854. 26 *Mars*. — Institution du cours des moniteurs pour la gymnastique.

1854. 18 *Mai*. — Entrée de M. Hello à Vaugirard.

1854. 15 *Août*. — Prise de possession de la chapelle de Nazareth.

1854. 26 *Septembre*. — Acquisition de la maison de Nazareth.

1854. 29 *Octobre*. — Commencement des travaux des bâtiments de Nazareth.

1855. 5 *Janvier*. — Fondation de la Conférence Saint-Joseph pour les Jeunes Ouvriers de la rue du Regard.

1855. 4 ou 7 *Mai*. — Bénédiction de la Chapelle de Nazareth par Mgr de Tripoli, curé de Saint-Thomas d'Aquin. Sermon du R. P. de Ravignan.

1855. 1er *Juillet*. — Fondation du Patronage Saint-Charles, alors rue Saint-Quentin. M. Jean-Marie, directeur.

1855. 25 *Octobre*. — M. Decaux est nommé président du Patronage de Saint-Vincent de Paul et de la Commission administrative de la rue du Regard, en remplacement de M. Bourlez, démissionnaire.

1855. 29 *Novembre*. — Sur la proposition de M. Decaux. présic... du conseil supérieur du Patronage de la Société de Saint-Vincent de Paul. le conseil exprime le vœu de la création d'une exposition des travaux des patronnés. Une commission est formée pour préparer cette exposition; elle est composée de MM. Maignen, Legentil, Blondel et Lemaire.

1855. 18 *Novembre*. — M. Maignen lit une lettre très affectueuse de la maison Notre-Dame des Champs d'Angers. — Dix confessions à M. Hello qui préside la réunion des nouveaux.

1855. 1er *Décembre*. — Dans sa séance de ce jour. le Conseil supérieur, sur la proposition de M. Decaux, vote la création de la maison des Jeunes Ouvriers et lui vote 2.600 francs.

1855. *Noël*. Établissement du Patronage de la rue du Regard à Nazareth. — Messe de Minuit servie par huit enfants de chœur de Sainte-Geneviève. M. Dupaigne tient l'orgue. Les Jeunes Ouvriers sont réunis à part. Ils prononcent leur acte de consécration à la sainte Vierge. Ils fondent l'association des Jeunes Ouvriers de Notre-Dame de Nazareth. — Les jeunes convalescents assistent à la Messe, 200 communions en tout. — 3 heures 1,2. Instruction par M. l'abbé Prével. — Installation dans la nouvelle salle de Notre-Dame de Nazareth.

1856. 6 *Janvier*. — Les enfants de Grenelle, conduits par l'abbé Roussel, prennent leur collation à Nazareth.

1856. 13 *Janvier*. — Instruction par M. l'abbé Isoard. Les enfants des Missions ont passé leur journée à Nazareth.

1856. 17 *Janvier*. — Le Conseil Supérieur approuve le projet de règlement pour l'exposition.

1856. 20 *Janvier*. — « Depuis quelque temps, plusieurs enfants ont été attachés au service de la sacristie : de même. plusieurs ont été désignés pour chanter à la tribune. ces derniers manquent un peu d'exercice. »

1856. *Mardi gras*. — De 1 heure à 4 heures, adoration du Saint-Sacrement. de 1,4 d'heure pour les apprentis. 1,2 heure pour les jeunes ouvriers (les petits réclament). — De 4 h. 3,4 à 5 h. 1,2, Séance : *Cerisin en prison*, pièce jouée par les Jeunes Ouvriers.

1856. 3 *Février*. — Promulgation du règlement du Patronage de N.-D. de Nazareth.

1856. 10 *Février*. — « Le nouveau règlement est mis en vigueur. les dignitaires semblent prendre à cœur les fonctions qui leur sont confiées. » — 10 heures : premier conseil des dignitaires. — « On fait la remarque que le nouveau règlement a occasionné un meilleur ordre et que la direction du Patronage est plus facile. »

1856. 17 *Février*. — « Pendant tout le carême. Mgr de Ségur fait une instruction le dimanche et le vendredi soir à 8 heures pour les braves gens du quartier. Une vingtaine d'enfants les plus proches y assistent régulièment. » Il vient beaucoup de monde, attiré par la réputation du saint prélat.

1856. 24 *Février*. — La section Saint-Joseph cesse d'aller en promenade au Luxembourg: les grands n'aiment pas aller en rang dans les rues.

1856. 2 *Mars*, Saint-Joseph. — Panégyriques de saint Joseph par M. Isoard; séance de magie par M. de Chanvigné.

1856. 13 *Avril*. — Avis donnés par M. Albert Gigot pour l'exposition des Patronages. M. Maignen s'est absenté tout l'après-midi pour aller aux Jeunes Apprentis, rue du Regard.

1856. 17 *Avril*. samedi. — Installation de la communauté de Nazareth, MM. Hello, Maignen. E. Jean-Marie.

1856. 1 *Mai*. — « Maintenant. on reçoit les enfants tous les soirs. la maison est ouverte à 7 h. Les enfants jouent jusqu'à 8 h. 1/2, mois de Marie. Départ à 8 h. 3/4; 20 à 25 présences en moyenne.

1856. 18 *Mai*. — Pèlerinage à Notre-Dame de Boulogne-sur-Seine. Offrande à la sainte Vierge d'un cœur acheté par les enfants de Nazareth. Aller et retour à pied. Appel au Champ-de-Mars. — Bénédiction de la maison de Nazareth par M. Hamon. curé de Saint-Sulpice. Sermon du P. de Ravignan. Les Jeunes Ouvriers font les honneurs.

1856. 25 *Mai*. Fête-Dieu. — Tous les Patronages de Paris assistent à la procession à Nazareth. Un reposoir est placé dans la salle où a lieu. en même temps. l'Exposition générale des travaux des apprentis. On enlève toutes les chaises de la chapelle pour recevoir plus de monde. (Première Exposition.)

1856. 1er *Juin*. — La distribution des médailles a lieu au collège Louis-le-Grand. La première médaille d'honneur est décernée à un membre de l'Association des jeunes apprentis de Notre-Dame de Nazareth. Nazareth a le premier rang.

1856. 15 *Juin*. — Instruction par M. l'abbé Le Boucher. d'Angers.

1856. 29 *Juin*. - Distribution des prix, présidée par NN. SS. l'Archevêque de Tours. l'Évêque d'Amiens et deux adjoints au maire du Xe arrondissement. — Discours de M. le Président général, allocution de M. l'abbé Millaud. Musique de la garde impériale.

1856. 6 *Juillet*. — Instruction par M. Timon-David.

1856. 13 *Juillet*. — Grandes courses pédestres à Grenelle.

1856. 15 *Août*, Assomption. — Proclamation du président et des assistants de la section Saint-Joseph. élus par leurs camarades. Ils commencent à porter des insignes à la boutonnière.

1856. 18 *Août*. — Désormais. M. Maignen se rend à l'Association des jeunes ouvriers à 11 h. 40 et la dirige toute la journée. En conséquence. les exercices du Patronage sont avancés d'une demi-heure le matin.

1856. 24 *Août*. — Institution des zouaves du Patronage (Commission d'entrain). — La maison ouvre à 7 heures le matin. — La messe de midi 1 2 n'est plus obligatoire.

1856. 31 *Août*. — « La messe de 8 h. 1 2 commence à avoir un grand succès. On y comptait 60 enfants ce matin. 4 ont fait la sainte communion.

1856. 7 *Septembre*. Nativité. — Instruction par M. l'abbé Dedoue. vicaire général de Paris. Promenade à Gentilly.

1856. 14 *Septembre*. — Suppression des appels du matin et du soir, à cause de l'augmentation des patronnés. Les présences seront constatées par les livrets. On fera l'appel de ceux qui n'en ont pas.

1856. 22 *Septembre*, Saint-Maurice. — Souhaits de fête à M. Maignen par les Apprentis et les Jeunes Ouvriers. Fleurs naturelles et *spirituelles* (enveloppe contenant des prières et pratiques de piété faite à l'intention du Directeur). — Promenade à Cachan.

1856. 7 *Décembre*, Immaculée Conception. — Instruction par M. l'abbé Le Rebours; visite de M. le Président général du Patronage qui annonce aux enfants que MM. Dupaigne et Seigneur sont vice-présidents du Patronage de Nazareth. — « Il leur annonce que désormais les maisons de Patronage seront désignées par des noms de saints, auront une bannière particulière qu'elles porteront dans les réunions générales. — On fait une petite collecte pour l'achat de cette bannière. »

1856. 25 *Décembre*. Noël. — « A l'Évangile de la deuxième messe de minuit, M. Hello adresse une allocution aux conseillers de l'Association des jeunes ouvriers qui vont se consacrer à la sainte Vierge. Après avoir prononcé leur acte de consécration, ils se donnent l'accolade fraternelle. — Le soir instruction par M. l'abbé de Girardin, Salut par Mgr l'évêque de X...

1856. 28 *Décembre*, dimanche. — Assemblée de charité dans la chapelle de Nazareth. Visite de la maison.

1857. 25 *Janvier*. — Instruction par M. l'abbé Isoard.

1857. 15 *Mars*. — Première assemblée annuelle des confrères de la circonscription de Nazareth, présidée par M. Decaux.

1857. 22 *Mars*. — Agrégation de la Petite Conférence du Patronage à la Conférence Stanislas, pour participer aux indulgences accordées aux grandes Conférences.

1857. 10 *Avril*. — Adoration perpétuelle à la chapelle de Nazareth. Les apprentis et jeunes ouvriers se relèvent toutes les demi-heures.

1857. 10 *Mai*. — Pèlerinage à Boulogne. Départ à 2 heures. On se rend à Boulogne à pied, en passant par le pont d'Iéna et l'avenue de Saint-Cloud. Un confrère suit en voiture avec les cantiques et la bannière. — A 4 heures, réunion à Notre-Dame de Boulogne, Bénédiction des bannières de Nazareth et de Notre-Dame de Grâce. Retour à 5 heures Distribution des livrets et appel dans le Champ-de-Mars. Rentrée à 7 heures.

1857. 21 *Mai*. — 1re fête de Saint-Émile. Décoration extraordinaire dans la salle, nombreuse assistance de confrères, chants et compliments des Apprentis et des Jeunes Ouvriers. — Départ en chemin de fer pour la maison de campagne de M. l'abbé Poilau, aux Moulineaux, cotisation de 15 c. par enfant. Récréation dans le parc, instruction et Salut dans la chapelle de la maison. — Retour à Paris à pied. — Les jeunes ouvriers donnent une représentation rue du Regard, en l'honneur de M. l'Aumônier, tous les enfants du Patronage y assistent, M. le Curé de Saint-Sulpice préside.

1857. 31 *Mai*. Pentecôte. — Messe par Mgr Pèlerin. — Pèlerinage de la
Sainte-Famille de Saint-Sulpice à la chapelle de Nazareth (messe
de 12 h. 1 2). 3 h. 1/2, Réception du Patronage Sainte-Mélanie à la
chapelle.

1857. 1er *Juin*. — Le Patronage Saint-Charles vient jouer dans la cour de
Nazareth et assiste à l'instruction et au Salut.

1857. 14 *Juin*. — Seconde Exposition. Ouverture dans l'orangerie du Luxembourg.

1857. 14 *Juin*. Fête-Dieu. — Procession dans la cour. Les Jeunes Ouvriers
sont chargés du reposoir de la sainte Vierge. Les bannières et le
dais sont portés par les enfants du Patronage et les Jeunes Ouvriers.
La musique des Frères de Saint-Nicolas prêtait son concours.

1857. 21 *Juin*. — Distribution des prix présidée par Mgr l'évêque de Saint-
Denis (de la Réunion?).

1857. 26 *Juin*. — M. Maignen expose au conseil supérieur l'organisation des
dignitaires à Nazareth.

1857. 28 *Juin*. — Distribution des médailles avec le concours de la musique
de la garde impériale.

1857. 16 *Août*. — Courses à Vaugirard : il y a six courses, une pour les
Jeunes Ouvriers et cinq pour les Apprentis des Patronages. Chaque
maison de Patronage fournit deux coureurs pour chaque course et
un troisième doit être pris en supplément.

1857. 23 *Août*. — Tout le Patronage assiste à la fête militaire des vacances
à Vaugirard, organisée par M. Myionnet.

1857. 13 *Septembre*. Nativité. — Promenade à Gentilly. Départ à 1 h. 1 2.
Retour à 5 heures. — Soirée offerte aux enfants du Patronage, aux
Jeunes Ouvriers, aux vieillards de la maison. Séance d'escamotage
par deux enfants de l'Association.

1857. 27 *Septembre*. Fête du Directeur. Souhaits de fête. — 1 h. 1/2. Départ
pour Gentilly. Courses, sucre d'orge, régalade générale de coco.
5 heures, retour au Patronage. Instruction. Salut. — A 7 heures
grande soirée. Charade par les Jeunes Ouvriers. Départ à 9 heures.
Nouvelle distribution de sucre d'orge et gâteaux.

1857. 1er *Novembre*. Toussaint. — La section Saint-Joseph du Patronage assiste à la bénédiction de la nouvelle maison des Jeunes Ouvriers.
Après la cérémonie, tous les enfants des diverses maisons de Patronage qui y assistaient viennent à Nazareth.

1857. 8 *Novembre*. — M. Hello conduit les membres de la Petite Association
aux Missions étrangères, voir la chambre des Martyrs.

1858. 5 *Avril*. Lundi de Pâques. — On renonce à faire une promenade à
pied à cause des inconvénients de ces promenades, et l'on n'a pas
d'argent pour prendre le chemin de fer. Le matin même une personne du voisinage envoie 50 fr. à M. Hello pour le Patronage. Une
heure après tout le monde était en chemin de fer.

1858. 13 *Mai*. Ascension. — Visite de S. E. le Cardinal Morlot, archevêque
de Paris. Toutes les maisons de Patronage de Paris ont envoyé des
députations. Quatre cents communions à la messe célébrée par le

Cardinal. — 3 h. 1 2. Instruction par un missionnaire qui prêche en costume chinois. Grande émotion quand il raconte le martyre d'un de ses compagnons. La quête pour la Propagation de la Foi faite après le sermon produit 200 francs. — En sortant de la chapelle un groupe d'enfants entoure le P. Hello et lui demande d'organiser au Patronage l'Œuvre de la Propagation de la Foi.

1858. 23 *Mai*. Pentecôte. Saint-Émile. — Inauguration d'un *jeu de bagues* (tourniquet) dans la cour du Patronage. — Le soir, le Patronage assiste à la séance de l'Association des jeunes ouvriers.

1858. 11 *Juillet*. — Distribution des prix présidée par Mgr l'évêque de Quimper et M. Cochin, conseiller municipal. Musique de la garde impériale.

1858. 3 *Août*. — 1er Congrès des Directeurs d'Œuvres, à Angers.

1858. 12 *Septembre*. Nativité. — Instruction par M. l'abbé Timon David.

1858. 3 *Octobre*. — Translation des reliques de saint Tharsice en présence de délégations nombreuses des Patronages de Notre-Dame de Grâce et de Saint-Charles. La cérémonie est présidée par Mgr l'Archevêque de Sirace; plusieurs Dominicains et Franciscains y assistent. Procession avec bannières et musique de Saint-Nicolas. Panégyrique de saint Tharsice par le R. P. Chocarne, supérieur des Dominicains. Le lendemain lundi, représentation du martyr de saint Tharsice.

1859. 16 *Janvier*. — Mgr Dupanloup, accompagné de l'abbé de Girardin vient, à l'improviste, visiter le Patronage.

1859. 25 *Avril*, lundi de Pâques. — Bénédiction de la statue de saint Tharsice.

1859. 12 *Juin*. Pentecôte. — Messe par Mgr Desflèches, vicaire apostolique du Tonkin.

1859. 10 *Juillet*. — Distribution des prix présidée par le général Fririon assisté de M. le curé de Notre-Dame des Champs, M. le Maire du 10e arrondissement, plusieurs Dominicains et Franciscains. Musique des chasseurs de Vincennes.

1859. 11 *Septembre*. Nativité. — Instruction par M. l'abbé Tridon, directeur du Patronage de Troyes.

1859. 18 *Septembre*. — Instruction par M. l'abbé Timon-David et visite de plusieurs directeurs de province venus à Paris pour le Congrès.

1859. 6 *Novembre*. — Baptême solennel d'un enfant de sept ans, instruit et habillé par les enfants du Patronage.

1859. 13 *Novembre*. — Récit de l'apparition de Notre-Dame de la Salette fait par Maximin aux enfants du Patronage.

1859. 11 *Décembre*. — Mgr Angebault, évêque d'Angers, visite le Patronage et fait l'instruction.

1860. 29 *Janvier*. — Mgr de Conny, vicaire général de Moulins, donne le Salut.

1860. 5 *Février*. — Messe par Mgr de Conny, instruction par l'abbé Iscard.

1860. 9 *Février*. — Sermon du R. P. Bian, Dominicain.

1860. 19 *Mars*. Saint-Joseph. — Messe par M. l'abbé Lagarde, vicaire général de Paris, sermon par le R. P. Angellevain, Franciscain.

1860. 25 *Mars*. — Visite et allocution de M. Le Boucher, chanoine d'Angers, directeur de l'Œuvre Notre-Dame des Champs.

1860. 27 *Mai*. Pentecôte. — Visite de Mgr Péra, évêque espagnol, missionnaire en Amérique. — Grandes courses avec obstacles.

1860. 29 *Juin*. — Fondation du 1er Patronage du jeudi pour les écoliers.

1860. 8 *Juillet*. — Distribution des prix présidée par Mgr l'évêque de Valence, assisté de M. le curé de Notre-Dame des Champs, M. le vice-amiral de Loffe et M. de Verdières, Maire du VIe arrondissement. Musique d'un régiment de chasseurs.

1860. 19 *Août*. — Pèlerinage des Jeunes Ouvriers à Boulogne-sur-Mer.

1860. 7 *Octobre*, Saint-Tharsice et Saint-Maurice. — Bénédiction de la chapelle Saint-Tharsice, par M. l'abbé Lagarde, vicaire général. Souhaits de fête à M. Maignen, chant composé par M. Vrignault. Panégyrique de saint Tharsice par M. l'abbé Millault. Salut par un évêque Lazariste, missionnaire en Californie.

1860. 23 *Décembre*. — 1re messe de M. Le Prévost (chapelle de Nazareth).

1861. 10 *Mars*. — Instruction par Mgr de Ségur.

1861. 23 *Juin*. — Distribution des médailles de l'Exposition présidée par M. l'abbé Lavigerie, directeur des Écoles d'Orient. — Rapport de M. Ravelet, président du Patronage Saint-Anne.

1861. 30 *Juin*. — Visite des jeunes gens au Patronage d'Amiens.

1861. 14 *Juillet*. — Distribution des prix, présidée par Mgr l'Archevêque de Pékin. Discours de M. le Maire. Musique du 34e de ligne jouant la *Reine Hortense*.

1861. 8 *Septembre*. Nativité. — Messe par Mgr Mardi, prélat romain. Visite de Mgr l'Évêque de Taïti.

1861. 6 *Octobre*. — Instruction par M. Brisse, aumônier du Patronage de Metz.

1861. 19 *Novembre*. — M. Decaux est nommé président du Conseil de Paris.

1861. 22 *Novembre*. — Le conseil général se déclare dissous, en exécution de la circulaire de M. de Persigny (16 octobre).

1861. 1er *Décembre*. — Fondation de la Corporation de Saint-Éloi. Instruction par Mgr de Ségur.

1861. 25 *Décembre*. — Instruction par Mgr de Pékin.

1862. 2 *Février*. Instruction par le R. P. Bourard, Dominicain.

1862. 29 *Juin*. — Instruction par Mgr l'évêque de Quimper. Inauguration du double passage de rivière.

1862. 13 *Juillet*. — Distribution des prix présidée par Mgr Le Courtier, évêque de Montpellier.

1862. 24 *Août*. — Pèlerinage à Boulogne-sur-Mer conduit par le P. Hello et M. Dupaigne. 13 Nazaréens.

1862. 14 *Septembre*. — Instruction par Mgr l'archevêque de Constantinople.

1862. 7 *Décembre*. — Instruction par Mgr l'évêque de Taïti.

1862. 14 *Décembre*. - Première réunion générale des Petites Conférences présidée par M. Decaux et M. Le Rebours.

1863. 11 *Janvier*. Messe par le Patriarche arménien de Jérusalem.

1863. 15 *Février*. M. Planchat remplace le P. Hello malade.

1863. 8 *Mars*. Retour du P. Hello après l'instruction par M. Planchat.

1863. 29 *Mars*. — Ouverture de la Retraite prêchée par le R. P. Argout.

1863. 31 *Mai*. — La messe est dite par M. Le Prévost.

1863. 7 *Juin*. — M. l'abbé D'Arbois de Jubainville préside les offices et commence à confesser à Nazareth : ancien confrère, il était chargé d'amener aux confesseurs les enfants.

1863. 4 *Juin*. — M. Vasseur remplace M. Maignen comme sous-directeur. M. Maignen restant directeur.

1863. 14 *Juin*. Fête de saint Éloi. — Premiers *avis* généraux de M. Vasseur. Instruction et Salut par Mgr Charbonnet, évêque capucin.

1863. 21 *Juin*. — Instruction par M. l'abbé Peigné. Directeur de l'OEuvre de N.-D. de Toutes Joies. à Nantes. Il raconte le pèlerinage qu'il vient de faire à Rome et l'audience qu'il a eue de Pie IX.

1863. 12 *Juillet*. — Avis généraux par M. Maignen. — Distribution des prix présidée par Mgr l'Évêque de Vannes.

1863. 19 *Juillet*. — M. l'abbé Planchat passe la journée à Nazareth.

1863. 2 *Août*. — M. l'abbé Planchat remplace M. Hello absent.

1863. 13 *Septembre*. Nativité. — Instruction et Salut par Mgr Godefroy, archevêque de Rennes (premier confesseur de M. Hello).

1863. 27 *Septembre*, Saint-Maurice.   Souhaits de fête à M. Maignen, soirée organisée par les Apprentis admis et les Jeunes Ouvriers.

1863. 29 *Novembre*. — Soirée de la Saint-Éloi à laquelle prennent part les musiques de Saint-Charles et N.-D. de Grâce avec celle de Nazareth.

1863. 6 *Décembre*. — Sermon par Mgr Gaume.

1863. 25 *Décembre*. — Les Jeunes Ouvriers ont leur messe de minuit, rue Montparnasse. La section Saint-Joseph du Patronage va prendre part à leur réveillon.

1864. 20 *Mars*. — Retraite pascale prêchée par M. l'abbé Sehan, vicaire à Saint-Gervais.

1864. 27 *Mars*. Pâques.   Belle fête de Pâques. Grand entrain dans les jeux interrompus soudain par l'apparition de M. Hello dans la cour. Il est assailli par les enfants. petits et grands. qui l'embrassent et lui crient : « Ah! Père Hello. que nous sommes vraiment heureux! soyez béni ». et lui de rire et de bénir.

1864. 24 *Avril*.   Aux Jeunes Ouvriers, fête de l'aumônier M. D'Arbois. La section Saint-Joseph au Patronage y passe la journée.

1864. 29 *Mai*. Fête-Dieu.   Inauguration du nouvel autel de la Chapelle de Nazareth. construit par Lanier. président des Jeunes Ouvriers. récemment établi maître menuisier.

1864. 15 *Août*. Assomption. — La Procession de l'Assomption est faite pour la première fois à Nazareth. - « Que c'était beau! dit quelqu'un. vous verrez que tous les Patronages vont vous imiter. »

1864. 28 *Août*. Première promenade dite *des Vacances*. On va à Viroflay.

1864. 4 *Septembre*. Nativité.   M. Le Prévost dit la messe du Patronage.

1865. 15 *Janvier*. Épiphanie. — La soirée de l'Épiphanie se célèbre désormais au Cercle des jeunes ouvriers pour le Patronage et pour le Cercle.

1865.   *Février*. Les séances des jours gras se célèbrent au Cercle des jeunes ouvriers. Le Patronage joue le dimanche soir. La séance du lundi est à son profit. Le Cercle donne la matinée et la soirée du mardi.

1865. 23 *Avril*.—Avis généraux par M. Maignen en l'absence de M. Vasseur.

1865. 28 *Mai*. — M. l'abbé Dumax vient ériger dans la chapelle de Nazareth, l'archiconfrérie de Notre-Dame des Victoires.

1865. 4 *Juin*, Pentecôte. — La soirée de la Saint-Émile a lieu au Cercle.

1865. 16 *Juillet*. — Distribution des prix présidée par Mgr de Ségur.

1865. 20 *Août*. — Instruction et Salut par Mgr Amauthan, évêque dominicain.

1865. 24 *Septembre*, Saint-Maurice. — Les souhaits de la Saint-Maurice se font au Cercle ainsi que la soirée. Le Patronage y assiste.

1866. 11 *Mars*, Saint-Joseph. — Fondation de la Corporation Saint-Jean et Saint-Luc. M. Decaux préside la soirée.

1866. 22 *Avril*.   Messe par Mgr de Conny.

1866. 20 *Mai*.   Fête de Saint-Émile. Soirée au Patronage.

1866. 3 *Juin*. Fête-Dieu. — Bénédiction de la bannière de saint Joseph.

1866. 15 *Juillet*. - Distribution des prix présidée par M. l'abbé Le Rebours. Musique du 68e de Ligne.

1866. *Septembre*. — Première retraite des écoliers pour la fin des vacances.

1866. 1 *Novembre*. Toussaint. — Soirée au Cercle avec chants par la musique de Nazareth.

1867. 19 *Février*. Mardi gras. - Soirée du mardi gras au patronage en même temps qu'au Cercle.

1867. 23 *Juin*.   Inauguration de la bannière des Saints-Anges (Patronage du jeudi).

1867. 15 *Août*. Assomption. - Mgr Hardi est accueilli aux cris de Vive Pie IX. — Il dit la messe au Patronage.

1867. 25 *Août*. — Promenade générale des vacances à Longpont.

1867. 22 *Septembre*, Saint-Maurice. — Souhaits de fête et soirée au Cercle.

1868. 12 *Janvier*. Épiphanie. — Instruction par Mgr Grandin, missionnaire en Amérique du Nord. Soirée au Cercle.

1868. 1er *Novembre*.   Soirée au Cercle. Première exécution de *la Tentation*, composée par M. Vaignault.

1870. 17 *Avril*. Pâques. -Retraite pascale prêchée par M. l'abbé Moreau, de l'École des Carmes.

1870. 17 *Juillet*. — Distribution des prix présidée par M. le curé de Saint-Sulpice. « L'ensemble est un peu froid: la guerre assombrit plusieurs visages, elle nous prive de la musique militaire. »

1870. 31 *Juillet*. - Première fête corporative de sainte Anne. —Dîner fraternel au Cercle. Organisation de la corporation Sainte-Anne.

1870. 7 *Août*.   Promulgation du règlement de la Société de secours mutuels.

1870. 15 *Août*. — Exposition du Saint-Sacrement pour le Triduum de prières ordonné par Mgr l'Archevêque pour le succès des armées françaises. — Procession de la sainte Vierge l'après-midi. — Le feu d'artifice du soir n'a pas lieu cette année.

1870. 25 *Août*, Jeudi. — Départ du P. Hello pour l'armée du Rhin. avec l'ambulance de la Presse.

1870. 28 *Août*. — M. de Varax vient remplacer M. Hello.

1870. 4 *Septembre*. — « 13ᵉ dimanche après la Pentecôte. — Règlement ordinaire. — Présences. 227. — Absences, 46. — Communions, 23 — Dépôts à la caisse d'épargne. 36. »

1870. 2 *Octobre*. — Adoration du Saint-Sacrement exposé depuis la messe jusqu'au Salut. — « Il en sera de même chaque dimanche pendant la guerre. »

1870. Noël. — Pas de messe de minuit, grand'messe à 8 h. 1 2. Pas d'arbre de Noël. M. Vasseur, malade depuis trois jours, est remplacé par M. Charrin. M. Maignen préside les réunions générales dans la salle.

1871. 8 *Janvier*, Épiphanie. — 122 présences, 63 absences, 21 communions. « Le bombardement empêche un grand nombre d'enfants de venir. Guerre terrible! — A la maison tout marche. les enfants se montrent très bien disposés. confiants et résignés. — Notre-Dame de Nazareth, priez pour nous! préservez-nous!

1871. 15 *Janvier*. — Deuxième dimanche du bombardement. « Quelques mesures de prudence sont prises pour prévenir les accidents et encourager les enfants à venir. mais les émigrations. la peur, en empêchent un grand nombre. 87 présences. 90 absences, 19 communions. Malgré ce petit nombre d'enfants, la journée n'est pas mauvaise. on joue bien. L'adoration se fait parfaitement. — A partir d'aujourd'hui. les réunions du soir sont suspendues. — Les saluts du mardi et du vendredi auront lieu à 5 heures précises.

1871. 12 *Janvier*. — « Au matin un *obus prussien* s'est abattu dans notre cour. à la place des chevaux de bois; il s'est enfoncé et a éclaté dans la terre sans causer le moindre dégât. L'ange gardien qui nous protège pendant la gymnastique nous a aussi protégés contre les engins destructeurs de nos ennemis... qu'il en soit béni à jamais! »

1871. 22 *Janvier*. — 3ᵉ dimanche du bombardement. Le pain étant rationné, nous ne pouvons donner la collation ordinaire. — Le matin. riz; à midi, chocolat. Les enfants apportent leur pain. — Présences, 70: absences, 109: communions. 16,

1871. 26 *Janvier*, Jeudi. — Pèlerinage à Notre-Dame des Victoires. Messe à 9 heures. 40 enfants et jeunes gens sont présents. Prière pour les parents, amis, bienfaiteurs. Action de grâces pour la préservation de tous.

1871. 29 *Janvier*. — Encore comme aux dimanches du bombardement. — Présences. 76: absences, 104: communions. 19.

1871. 5 *Février*. — Journée un peu meilleure. M. Lerolle et quelques mobiles reviennent. mais pas d'entrain.

1871. 12 *Février*. — Retour du Père Hello. joie de le revoir. *Magnificat*.

1871. Jours gras. — Pas de fêtes.

1871. 5 *Mars.* — Il n'y a plus d'adoration du Saint-Sacrement pendant la journée du dimanche. — On continue néanmoins à prier pour la France et pour Paris.

1871. 19 *Mars.* — Fête de saint Joseph et journée d'actions de grâces pour la protection spéciale dont le Patronage et ses membres ont été l'objet pendant la guerre et le bombardement.

1871. 2 *Avril,* Rameaux. — Ouverture de la retraite pascale. Présences moins nombreuses aux exercices de la retraite. L'office du jeudi et du vendredi matin n'a pas lieu. Pas de reposoir! — Nuit de mercredi au Jeudi saint. — A 2 heures du matin, perquisition de la Commune. — *Vendredi saint,* décret de la Commune obligeant tous les hommes de 19 à 40 ans à servir dans les rangs des insurgés. — Tous ceux des jeunes gens qui le peuvent quittent Paris.

1871. 10 *Avril,* Pâques. — La chapelle étant fermée sur la rue, les offices ont lieu sans incident. Tristesse et inquiétudes. — Présences. 203: absences. 26; communions, 160. Lundi : Présences, 127; communions. 18.

1871. 11 *Avril.* — M. Vasseur quitte Paris, M. Maignen le remplace. La maison cesse d'être ouverte le soir.

1871. 16 *Avril.* — Jusqu'à 3 heures, exercices ordinaires ; à cette heure on annonce le pillage de Saint-Jacques-du-Haut-Pas. Les vêpres à Notre-Dame des Champs sont supprimées: on donne rapidement la bénédiction à la chapelle. Chacun est invité à rentrer chez soi. — M. Maignen réunit les enfants dans la salle : M. Hello, avec quelques jeunes gens, range ce qu'il y a de plus précieux à la maison, puis vient dire adieu aux enfants dans la salle. On terminait la prière, l'émotion était grande. Un bon nombre d'enfants viennent se confesser. M. Hello, en laïque, emporte le Saint-Sacrement à Vaugirard, accompagné d'un jeune homme du Patronage. — Présences, 120 à 130. Communions, 24.

1871. 23 *Avril.* — M. Leclerc vient dire la messe à Nazareth et le P. Hello va la dire à Grenelle. — Il n'y a qu'une douzaine d'enfants à Nazareth.

1871. 30 *Avril.* — Comme ci-dessus. 20 enfants viennent jouer. Nazareth était le seul Patronage fermé. Le P. Hello, revenu dans la journée. fait avec les enfants la prière du soir et dit un peu de chapelet à Saint-Tharsice. — Les enfants de la retraite de première communion de la paroisse passent toutes leurs journées à Nazareth. — MM. Lantiez, Myionnet et Decaux sont d'avis de rouvrir le Patronage. On avertit les enfants comme on peut, sans écrire. Le mardi ou le mercredi précédent, on réunit les dignitaires présents à Paris, le P. Hello les préside.

1871. 7 *Mai.* — 25 ou 30 enfants du Patronage et une soixantaine de premiers communiants sent venus. Il y a une dizaine de communions. Pas de contrôle, pas d'inscriptions, pas de caisse d'épargne, pas de Salut. — Instruction, chapelet, mois de Marie et bénédiction avec une statue de la sainte Vierge.

1871. 14 *Mai*. — 100 présences dont 20 à 30 enfants anciens du Patronage. Grand zèle des dignitaires.

1871. 18 *Mai*, Ascension. — 101 enfants, 70 communions (25 à 30 anciens). Le Saint-Sacrement est gardé à la chapelle jusqu'au Salut. Après la journée, M. Hello porte le Saint-Sacrement chez les Sœurs de la rue Montparnasse.

1871. 17 *Mai*, mercredi. — Des ouvriers conduits par un sergent de fédérés placent un drapeau rouge sur la chapelle.

1871. 20 *Mai*, samedi. — M. Lantiez vient avertir M. Hello, qui confessait à la chapelle, que trois insurgés visitent le cercle. M. Hello se cache quelques heures, personne ne vient.

1871. 21 *Mai*. — 70 présences, 8 ou 10 communions. A cinq heures, pendant que l'on faisait à la chapelle les recommandations à Notre-Dame des Victoires, l'armée de Versailles entrait dans Paris. — Dans la nuit, rappel, tocsin, fusillade.

1871. 22 *Mai*. De grand matin, on entend la fusillade à la gare Montparnasse, deux soldats d'infanterie montent sur la chapelle de Nazareth et enlèvent le drapeau rouge.

1871. 26 *Mai*, vendredi. — Retour de M. Vasseur.

1871. 28 *Mai*, Pentecôte. — On se bat encore dans Paris, mais les présences sont plus nombreuses au Patronage.

1871. 1ᵉʳ *Juin*, jeudi. — Quarante soldats logent au Patronage.

1871. 4 *Juin*. — Fête intime de la Saint-Émile. 145 présences, beaucoup d'inscriptions.

1871. 11 *Juin*, Fête-Dieu. « Cette année, nous n'avons pas de reposoir dans la salle, à cause des soldats que nous abritons. Par compensation, ils assistent à la procession. Un piquet d'honneur escorte le Saint-Sacrement, quatre sergents portent le dais, tambours et clairons battent et sonnent aux champs. — « L'assistance est peu nombreuse, mais d'une tenue parfaite. »

1871. 15 *Août*. — Messe par Mgr Verrolles, vicaire apostolique de la Mandchourie.

1871. 10 *Septembre*, Nativité. — Instruction par le P. Bailly. La section Saint-Joseph assiste le soir à l'assemblée mensuelle du Cercle.

1871. 24 *Septembre*, Saint-Maurice. — Députation à la séance des souhaits. La section Saint-Joseph assiste seule à la soirée.

1871. 15 *Octobre*, Saint-Denis. — Fête de la Corporation de Saint-Denis et de la Société de « secours mutuels ».

1871. 25 *Décembre*, Noël. — Veillée de Noël. Allocution par M. Charles Hello, conseiller à la cour de cassation. Grand'messe chantée par M. l'abbé Sensier, ancien enfant de Nazareth.

1872. *Janvier*. — Fondation de la maison de famille du Patronage.

1872. 26 *Mai*. — M. Vasseur et plusieurs jeunes gens du Patronage assistent à Saint-Sulpice à la 1ʳᵉ messe de M. de La Côste, ancien confrère.

1872. 2 *Juin*, Fête-Dieu. — Messe par M. de La Côste, qui préside aussi la procession. Une musique militaire marche en tête, un piquet du 14ᵉ cuirassiers entoure le dais.

1872. 28 *Juillet*. Distribution des prix présidée par M. le général de Geslin, commandant la place de Paris.

1872. 8 *Septembre*, Nativité. — Après avoir célébré la sainte messe et
donné la communion à plus de 400 personnes, Mgr Guibert, archevêque de Paris, visite le Patronage et la maison des Vieillards.

1872. 25, 26, 27, 28 *Septembre*. — Première retraite des enfants du jeudi.

1872. 15 *Décembre*. — Réunion générale des Petites Conférences à Nazareth présidée par M. Baudon, président de la Société de Saint-Vincent de Paul. Rapport par M. Ollé-Laprune.

1873. 5 *Janvier*. Visite de Mgr d'Oultremont, évêque d'Agen.

1873. 26 *Janvier*, dimanche. — A 3 heures, réunion générale des membres
des Conférences de Saint-Vincent de Paul du quartier. Présidence
de M. Baudon. Rapport de M. Championnière. Statistique de
M. Vasseur. Allocution de M. Decaux. 90 à 100 présences.

1873. 11 *Mai*, dimanche. — A 8 h. du soir, départ des pèlerins de Nazareth pour Lourdes.

1873. 22 *Mai*. Ascension. — 345 présences, 27 absences, 245 communions.
Depuis la Commune le Patronage n'a cessé d'augmenter en nombre.
Il n'avait jamais atteint ce chiffre de 345 présences.

1873. 19 *Juin*. — Quatre jeunes ouvriers du Patronage vont représenter
l'Œuvre au pèlerinage national à Paray-le-Monial.

1873. 13 *Juillet*. — Distribution des prix présidée par M. de Belcastel,
membre de l'Assemblée nationale. La tente est emportée par le
vent, mais des nuages, sans pluie, viennent préserver du soleil.

1873. 17 *Août*. — Promenade générale à Longpont. Offrande d'une bannière à Notre-Dame de Bonne-Garde.

1873. *Septembre*. — Le Patronage est ouvert le mardi, en plus du jeudi,
pendant les vacances des écoliers.

1873. 30 *Novembre*. — Pour la première fois, grand'messe à l'occasion de
la Saint-Éloi. — Promulgation du règlement de la section du Sacré-Cœur. Elle compte trois membres.

1873. *Noël*. — 360 présences, 300 communions, veillée présidée par
M. Blanc, qui fait une conférence sur la fête.

1874. 15 *Mars*. — Inauguration du nouveau passage de rivière.

1874. 14 *Juin*. — Instruction et confirmation par Mgr Freppel.

1874. 12 *Juillet*. — Distribution des prix présidée par Mgr de Marguerie,
ancien évêque d'Autun. M. Baudon y assiste. Musique du 70e de
ligne.

1874. 2 *Août*. — Fête de Saint-Alphonse, célébrée pour la première fois.

1874. 13 *Septembre*, Nativité. — Première fête militaire à l'occasion de la
fête patronale.

1874. 1 *Novembre*. Toussaint. — Chant du *De Profundis* et prières pour
le repos de l'âme de M. Le Prévost, fondateur des œuvres de Nazareth.

1874. 8 *Novembre*. — Messe pour M. Le Prévost.

1874. 31 *Décembre*. — Première nuit d'adoration pour le nouvel an.

1875. 17 *Janvier*. — Récits sur Lourdes, par H. Lasserre.

1875. 24 *Janvier*. — Instruction et salut par M⁸ʳ d'Outremont. évêque du Mans.

1875. 13 *Mars*. — Ordination de M. Moleau dans la chapelle de Nazareth.

1875. 14 *Mars*. Première messe de M. Moleau.

1875. 11 *Avril*. — La chapelle est encombrée d'échafaudages. le plafond menace ruine, grand embarras.

1875. 9 *Mai*. dimanche. — Départ des dignitaires pour Lourdes.

1875. 16 *Mai*. — Pour le cadeau de la Saint-Émile, le Patronage offre 800 francs et le cercle 150 francs pour aider aux travaux de réparation de la chapelle.

1875. 15 *Juin*, mardi. — Les échafaudages disparaissent de la chapelle.

1875 16 *Juin*, mercredi. — 200ᵉ anniversaire de l'apparition de N.-S. à la B. Marguerite Marie... jour solennel de consécration universelle au Sacré-Cœur de Jésus. Messe à 5 heures du matin et salut à 8 h. 1/2 du soir. Acte de consécration. 113 communions.

1865 4 *Juillet*, SS. Pierre et Paul. — Inauguration des costumes des volontaires nazaréens.

1875. 10 *Octobre*. — Le premier étage de la maison des Vieillards est affecté au service du Patronage. Fondation André Bertrand.

1875. 5 *Décembre*. — Messe par M⁸ʳ d'Outremont. évêque du Mans.

1876. 25 *Mai*, Ascension.—Messe par M. l'abbé d'Hulst, vicaire général. M⁸ʳ Ravinet, ancien évêque de Troyes, donne la confirmation et le Salut.

1876. 10 *Juin*. — Jules Pialot, ancien enfant de Nazareth, est ordonné prêtre dans la chapelle par M⁸ʳ Le Courtier, archevêque de Sébaste.

1876. 11 *Juin*. — Première messe de M. Pialot. assisté de M. de La Côste-

1876. 18 *Juin*. Fête-Dieu. — A la messe et à la procession. musique du 7ᵉ dragons.

1876. 25 *Juin*. — Première séance de la Conférence Saint-Vincent de Paul du Sacré-Cœur.

1876. 16 *Juillet*. — Distribution des prix présidée par M. Chesnelong.

1876. 6 *Août*. — Départ de 26 pèlerins de Nazareth en pèlerinage à Sainte-Anne d'Auray.

1877. 12 *Février*, lundi gras. — La matinée au profit du Patronage cesse d'avoir lieu au Cercle, et se fait à Nazareth.

1877. 10 *Mai*. — Messe par M⁸ʳ Richard. coadjuteur de Paris.

1877. 3 *Juin*, Fête-Dieu. — Jubilé épiscopal de Pie IX. Offices solennels. Fanfare du 7ᵉ dragons.

1877. 28 *Juillet*. — Voyage à Lille de M. Vasseur et cinq Nazaréens, concours de gymnastique.

1877. 28 *Octobre*. — Inauguration solennelle de la section du Sacré-Cœur.

1877. 4 *Novembre*. Installation de M. Lerolle comme président du Patronage.

1877. Noël. — Veillée présidée par M. Louis Maignen.

1877. 30 *Décembre*. — Instruction par M⁸ʳ de Ségur.

1878. 6 *Janvier*. — Pour la première fois depuis la fondation du Cercle, la soirée des Rois se passe au Patronage.

1878. 7 *Février*. — Mort de Pie IX !

1878. 10 *Février*. — La fête annuelle des corporations est remise.

1878. 17 *Février*. — Messe solennelle pour l'âme de Pie IX.

1878. 20 *Février*. — Élection de Léon XIII.

1878. 14 *Juillet*. — Distribution des prix présidée par Mgr de Ségur. Plus de musique militaire... !

1878. 11 *Août*. — Premier pèlerinage à Montmartre.

1878. Noël. — Veillée présidée par M. Petiton, avocat général.

1878. 29 *Décembre*. — Noces d'argent du P. Hello. Le Cercle assiste à la messe de 8 h. 1/2. Inauguration du vitrail central dans le chœur de la chapelle.

1879. 15 *Avril*. — Pèlerinage à Rome.

1879. 8 *Juin*. — Première messe de M. Andriveau, ancien membre du patronage.

1879. 21 *Septembre*. — Première messe de M. Championnière, ancien confrère.

1879. 27-28 *Septembre*. — Promenade des dignitaires à Boulogne-sur-Mer (32).

1880. 18 *Janvier*. — Confirmation par Mgr Guillemin, évêque de Canton.

1880. 1er *Février*. — Soirée des corporations présidée par M. Michel Cornudet.

1880. 23 *Mai*.   Visite de Mgr Conti, auditeur de la Nonciature.

1880. 4 *Juillet*. Suppression cette année des réjouissances de la Saint-Paul. Ajournement de la distribution des Prix.

1880. 8 *Août*.   Première pierre offerte par le Patronage à la Basilique de Montmartre.

1880. 3 *Octobre*. — Messe et visite de Mgr Richard, coadjuteur de Paris.

1880. 19 *Décembre*. — A Saint-Sulpice, première messe de M. Guéneau de Mussy, ancien confrère de Nazareth.

1880. 26 *Décembre*. — Le Cercle assiste à l'instruction et au Salut à Nazareth pour ses noces d'argent.

1881. 18 *Juillet*. — Première messe de M. de Gibergues, ancien confrère.

1881. 1er *Novembre*.   Ouverture et bénédiction de la Salle Le Prévost par M. Lanticz.

1882. 4 *Juin*.   Première messe de M. Clavier, ancien confrère.

1882. 16 *Juillet*. — Distribution des prix présidée par Mgr Richard, coadjutour.

1883. 4 *Février*. — Messe par Mgr Tonti, secrétaire de la Nonciature.

1883. 18 *Février*. — Première messe de M. l'abbé Bruno Mayet, ancien confrère.

1883. 6 *Mai*.   Visite à Nazareth des membres de la Société de Saint-Vincent de Paul, réunis pour les noces d'or de la Société.

1883. 14 *Mai*, lundi de Pentecôte.   Premier pèlerinage à Saint-Generosus (Chapelle du Cercle).

1883. 8 *Juillet*. — Distribution des Prix présidée par l'amiral Lagé.

1884. 21 *Avril*. — Départ du P. Hello et de M. Dautriche pour la Terre Sainte 3e pèlerinage français, conduit par le R. P. Bailiy, de l'Assomption.

1884. 4 *Mai*. — Nos pèlerins de Terre Sainte (M. H. et M. D.). réunis à Nazareth dans l'atelier de Saint-Joseph, y chantent pour la *première fois* le cantique des ouvriers : « Quand Jésus vint sur la terre, Ce fut pour y travailler »... (composé par M. Vrignault au Cercle Montparnasse).

1884. 7 *Juin*. — Ordination à Rome de MM. Schuh, Hello. Maignen.

1884. 12 *Juin*.   Retour du P. Hello de Jérusalem et Rome.

1884. 20 *Juillet* — Distribution des prix présidée par Mⁱˢ Bigandet, vicaire apostolique de la Birmanie méridionale.

1884. 15 *Août*. — M. Henri Hello, ancien confrère, officie pour la première fois à Nazareth.

1884. 5 *Octobre*. — M. Schuh, ancien enfant du Patronage. officie pour la première fois.

1884. 12 *Octobre*. — M. Ch. Maignen. ancien confrère, officie pour la première fois.

1885. 13 *Décembre*. — Mⁱˢ Richard. coadjuteur de Paris, préside la réunion semestrielle des Petites Conférences à Nazareth.

1886. 15 *Juin*. — Mort de M. Paul Decaux.

1886. 8 *Juillet*. — Mort de S. É. le Cardinal Guibert, archevêque de Paris.

1886. *Décembre*, Jeudi. — Mort de M. Myionnet.

1887. Lundi 28, mardi 29, mercredi 30 *Mars*. — Retraite pour les ouvriers sans travail et les pauvres.

1887. 22 *Mai*. — Dernier dimanche de M. Vasseur au Patronage.

1887. 5 *Juin*, Trinité. — Installation de M. Dautriche comme directeur.

1887. 17 *Juillet*. — Distribution des prix présidée par Mⁱˢ Richard. archevêque de Paris.

1887. 15 *Août*.   Grand'messe par M. Daniel Fontaine, ancien enfant de Nazareth.

1887. 12 *Octobre*. — Quatre Nazaréens partent pour Rome avec le pèlerinage ouvrier. Ils y portent la bannière du Patronage.

1888. 29 *Janvier*. — Départ de deux Nazaréens pour Rome, avec le pèlerinage de la Société de Saint-Vincent de Paul.

1888. 18 *Mars*, Dimanche. — Grande retraite des Pauvres jusqu'au samedi suivant.

1888. 2 *Mai*. — Lettres du Cardinal Rampolla envoyant la Bénédiction du Saint-Père aux enfants du Patronage qui ont signé l'adresse à S. S.

1888. 3 *Juillet*. — Heure d'adoration à Notre-Dame-des-Victoires pour le Congrès eucharistique.

1888. 7 *Octobre*. — Notre-Dame du Rosaire. Première fête de saint Francis.

1888. 2 *Décembre*. — Modification au règlement de la journée du dimanche, avec sortie régulière pour déjeuner en famille.

1889. 30 *Juin*. — Consécration solennelle du Patronage au Sacré-Cœur de Jésus, prononcée au pied de l'autel par Élie Lambert, ancien président général. assisté de MM. Lerolle, Dautriche. des présidents de la section du Sacré-Cœur et du Patronage.

1889. 28 *Juillet*. — Distribution des prix présidée par M. Denys Cochin.

1889. 6 *Octobre*.   Inauguration d'un nouvel orgue à la chapelle.

1889. 15 *Octobre*.   Départ pour Rome de 13 pèlerins de Nazareth avec la bannière du Patronage.

1889. 20 *Décembre*. — Mort de M. Alphonse Vasseur, ancien directeur de Nazareth.

1889. 22 *Décembre*. — Messe à l'intention de M. Vasseur, la bannière du Patronage et celle de Saint-Vincent de Paul sont arborées, et voilées de crêpes!

1890. 9 *Mars*.   Réunion générale présidée par Mgr Pagis au Cercle Montparnasse, en l'honneur de Jeanne-d'Arc.

1890. 16 *Avril*. — Le second départ du P. Hello pour Jérusalem et la Terre Sainte.

1890. 25 *Mai*. — Télégramme : « Jérusalem. 9 h. m. Messe pour Patronage près Cénacle. — E. HELLO. »

1890. 4 *Juin*. — Retour du P. Hello.

1890. 19 *Juin*. — Ouverture d'une retraite de confrères prêchée par M. l'abbé Anizan, à la chapelle Saint-Tharsice.

1890. 1er *Juillet*. — Mort de Jules Arnoud, ancien enfant de Nazareth, maître de chapelle du Cercle Montparnasse.

1890. 19 *Octobre*. — Messe par Mgr Mutel, évêque de Corée.

1890. 7 *Décembre*. — Mort de M. Maurice Maignen, fondateur et ancien directeur du Patronage de Nazareth.

1890. 14 *Décembre*. — Messe à l'intention de M. Maignen, la bannière du Patronage et celle de Notre-Dame de Nazareth, conservée au Cercle Montparnasse sont arborées au chœur; une nombreuse députation du Cercle le représente.

1890. 28 *Décembre*. — Inauguration à la chapelle Saint-Tharsice d'une plaque commémorative des défunts : bienfaiteurs, membres du Sacré-Cœur et dignitaires, du Patronage.

1891. 3 *Mai*. — Première fête célébrée au Patronage, en l'honneur de Jeanne-d'Arc.

1891. 22 *Septembre*. — Départ de six pèlerins de Nazareth pour Rome, la bannière y est portée pour la quatrième fois.

1891. 1er *Octobre*. — Retour des pèlerins de Rome.

1891. 18 *Octobre*. — M. Georges Vaugrais, ancien confrère, dit pour la première fois la messe à Nazareth. — Instruction par Mgr Vidal, vicaire apostolique des îles Fidji.

1892. 30 *Janvier*. — La Sainte Congrégation des Rites accorde à la chapelle de Nazareth la messe propre de saint Tharsice, martyr.

1892. 4 *Février*, jeudi. — Premier exercice de l'Heure Sainte. (Adoration mensuelle, veille du premier vendredi du mois, de 9 h. 1/4 à 10 h. 1/4 le soir.)

1892. 28 *Février*. — Tout le Patronage assiste à la soirée du Dimanche gras au Cercle Montparnasse.

1892. 28 *Août*. · Première messe de M. Pecqueur à Nazareth.

1892. 22 *Septembre*. — Pèlerinage à la crypte de la chapelle des Carmes et messe de communion, en commémoraison des massacres de 1792.

1892. 30 *Octobre*. — Instruction et confirmation par Mgr Leroy, évêque du
Gabon.

1893. 11 *Avril*. — M. Hello part pour la troisième fois avec le pèlerinage
de Terre-Sainte accompagné de M. Fiedler.

1893. 12 *Avril*. — Départ pour Rome de trois pèlerins de Nazareth.

1893. 22 *Avril*. — Retour des pèlerins romains.

1893. 30 *Avril*. — Dépêche des pèlerins de Terre Sainte : « Messe dans l'atelier
de Saint-Joseph, à Nazareth, et remise de l'ex-voto offert par le Patronage : *A Jésus, Marie, Joseph, le Patronage des Apprentis et des
Jeunes Ouvriers de Notre-Dame de Nazareth — Paris — 1845-
1893.* »

1893. 26 *Mai*. — Retour de Jérusalem du P. Hello et de M. Fiedler.

1893. 11 *Juin*. — M. Hello offre au Patronage une bannière de Terre Sainte
qui a été déposée sur le Saint-Sépulcre.

1893. 5 *Juillet*.   Visite de Mgr Hamel, vicaire-général de Québec.

1893. 12 *Novembre*. — Députation à Notre-Dame pour la cérémonie ex-
piatoire des fêtes de la Raison à Notre-Dame en 1793.

1893. 19 *Novembre*. — Visite de Son Éminence le cardinal Richard, archevêque de Paris ; il fait l'instruction et donne le Salut.

1893. 30 *Novembre*. — M. Dautriche, directeur, frappé violemment d'une
congestion cérébrale, reçoit les derniers sacrements et échappe à
la mort.

1893. 24 *Décembre*. — Fête spéciale pour le 40e anniversaire de la 1re messe
de M. E. Hello.

1893. 25 *Décembre*. — M. Hello célèbre, à la messe de minuit, le 40e anniversaire de sa 1re messe.

1894. 13 *Mai*. Saint-Émile. — Offrande à la chapelle d'un étendard de Jeanne
d'Arc, fac-similé de celui de Notre-Dame de Paris.

1894. 20 *Mai*. Cérémonie d'actions de grâces pour l'introduction de la cause
de béatification de la vénérable servante de Dieu, Jeanne d'Arc,
vierge. Bénédiction de l'étendard.

1894. 3 *Juin*. — Pèlerinage à la Sainte-Tunique de Notre-Seigneur à Ar-
genteuil avec le Cercle Montparnasse et le Patronage Saint-Charles.

1894. 20 *Août*. — Départ pour Lourdes du P. Hello et de M. Dautriche.

1894. 26 *Août*. — Seconde messe de M. Maurice Fontaine, ancien président
de Nazareth, ordonné prêtre l'avant-veille.

1894. 30 *Septembre*. — Première messe au Patronage de M. Maurice Mayet,
ancien confrère, ordonné le 22 septembre.

1894. 8 *Décembre*. — Ouverture du Triduum préparatoire à la fête du 6e cen-
tenaire de la translation de la sainte maison de Lorette.

1894. 9 *Décembre*. — Bénédiction du bas-relief de « La Sainte-Famille travaillant à Nazareth » destiné à être placé à l'extérieur de la chapelle, au-dessus de la porte d'entrée.

1894. 10 *Décembre*. — Grandes solennités à la chapelle pour le 6e cente-
naire de Lorette.

1895. 1er *Mars*. — 50e anniversaire de la Fondation du Patronage.

1895. 7 et 8 *mai*. — Une délégation du patronage : 5 jeunes gens, 2 membres du Sacré-Cœur, avec un confrère et le Directeur, représentent Nazareth aux *Fêtes de Jeanne d'Arc* à Orléans.

1895, 19 *Mai*. — Grande solennité pour la Fête du Cinquantenaire de la fondation et célébration des *Noces d'Or* du Patronage, sous la présidence de Son Éminence le cardinal Richard, archevêque de Paris.

J. M. J. V.

UN PÈLERIN A NAZARETH (1)

Salut, ô Nazareth! salut, ville fleurie,
Qu'habita si longtemps Jésus avec Marie,
Jésus, parfum du ciel, Jésus, divine fleur. ·
Qui, cachant sa lumière et voilant sa splendeur,
Voulut naître ignoré, et, soumis à sa Mère,
Obéir à celui qui passait pour son père.
Dites, Mère de Dieu, comment Jésus vivait,
Et comment il marchait, et comment il priait,
Le charme de sa voix, celui de son silence,
La douceur de ses yeux, et comme en sa présence
Votre âme se fondait d'amour et de bonheur.
Quand Joseph revenait de son rude labeur
Quels doux épanchements dans la Sainte Famille.
En ce repas du soir, près du foyer qui brille!
Là, blotti sous votre aile, ô mystère joyeux!
Jésus vous inondait de ses dons précieux.
Vous lui disiez : Mon Fils! il vous disait : Ma Mère!
Fut-il jamais bonheur plus grand sur cette terre!
Quelle était sa beauté, quand il avait douze ans?
Beauté dont un reflet sur le front des enfants
Aujourd'hui brille encore : ineffaçable image
Qu'un Dieu petit enfant laissa de son visage
Après dix-huit cents ans! Salut, saint atelier
Dont les murs ne sont plus : là, Jésus ouvrier
S'est enfermé longtemps dans la vie ordinaire.
Sanctifiant pour nous une tâche vulgaire.

(1) Nazareth veut dire : « Ville des fleurs ».

Que pouviez-vous apprendre au divin Apprenti,
Saint Joseph? près de vous, le Verbe anéanti
Travaillait humblement : du ciel et de la terre
Il était l'artisan. Il versait la lumière
Par torrents dans l'espace. Il savait, Créateur,
Les secrets de l'abîme, et des cieux la hauteur.
La profondeur des mers, le nombre des étoiles,
Il savait tout cela ; mais, caché sous les voiles
De sa divine Enfance, il travaillait le bois!!!.....
Quels accents, ô Joseph, aviez-vous dans la voix
Quand vous lui commandiez? Absorbé sous les charmes
De l'adorable Enfant, et les yeux pleins de larmes,
En silence, admirant le Dieu des apprentis,
Vous laissiez de vos mains s'échapper les outils.
O Nazareth, adieu! Ville toute embaumée
De souvenirs chéris! A ta seule pensée,
Le cœur tout enivré, je demande pour toi
Et la grâce, et la paix, et l'ardeur de la foi ;
Que tes enfants si beaux gardent leur innocence,
Pour l'amour de Jésus, modèle de l'enfance.

E. HELLO.

TABLE

www.ingramcontent.com/pod-product-compliance
Ingram Content Group UK Ltd.
Pitfield, Milton Keynes, MK11 3LW, UK
UKHW021213140726
13695UKWH00002B/509